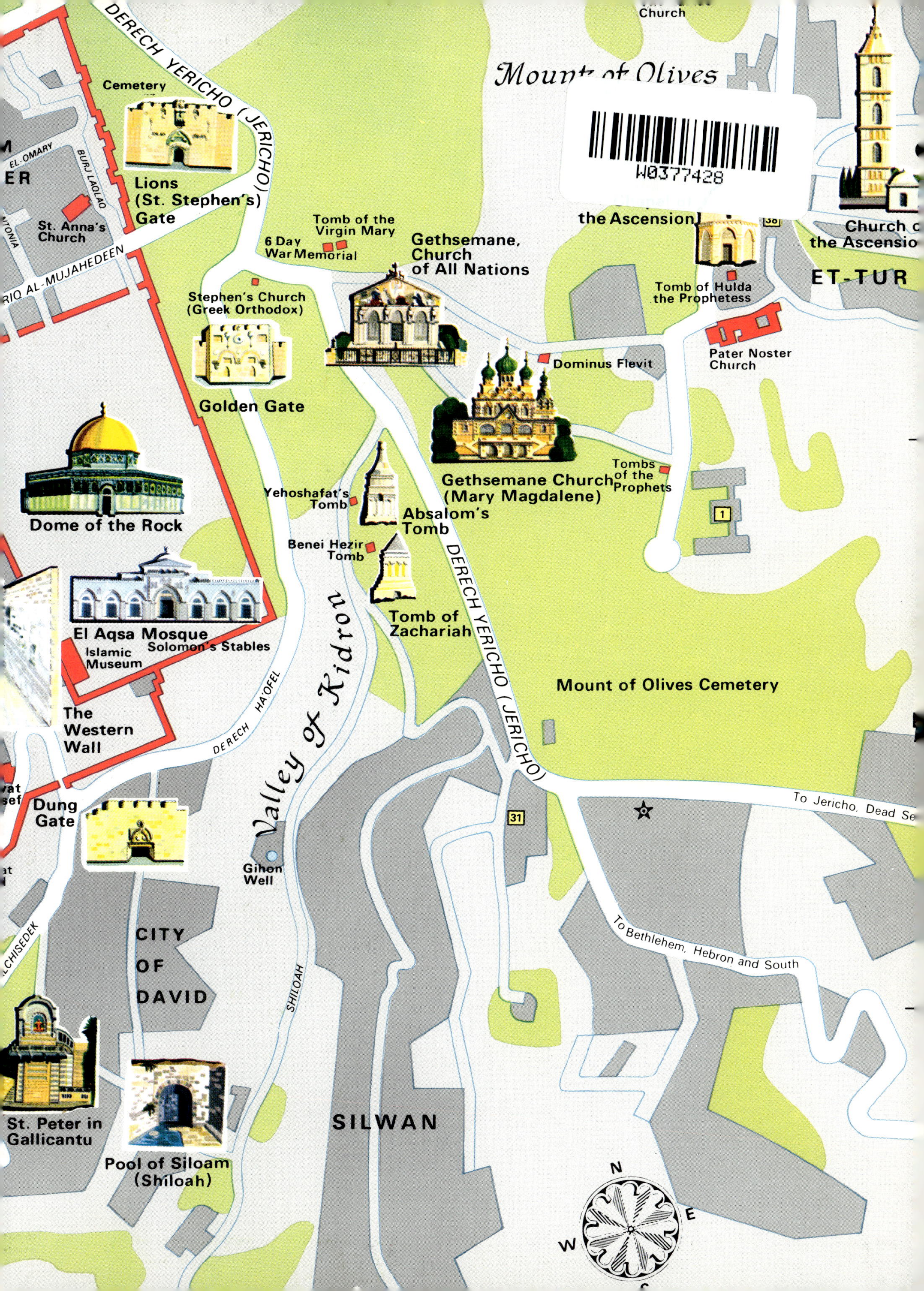
Church
Mount of Olives
W0377428
the Ascension
Church of the Ascension
ET-TUR
Tomb of Hulda the Prophetess
Pater Noster Church
DERECH YERICHO (JERICHO)
Cemetery
EL-OMARY
BURJ LAQLAQ
Lions (St. Stephen's) Gate
St. Anna's Church
RIO AL-MUJAHEDEEN
6 Day War Memorial
Tomb of the Virgin Mary
Gethsemane, Church of All Nations
Stephen's Church (Greek Orthodox)
Golden Gate
Dominus Flevit
Gethsemane Church (Mary Magdalene)
Tombs of the Prophets
Dome of the Rock
Yehoshafat's Tomb
Absalom's Tomb
Benei Hezir Tomb
Tomb of Zachariah
El Aqsa Mosque
Islamic Museum
Solomon's Stables
The Western Wall
DERECH HA'OFEL
Valley of Kidron
Mount of Olives Cemetery
To Jericho, Dead Se
Dung Gate
Gihon Well
CITY OF DAVID
SHILOAH
To Bethlehem, Hebron and South
St. Peter in Gallicantu
Pool of Siloam (Shiloah)
SILWAN
N
E
W

Hesmests → 15. 2. 09

Jesus und Jerusalem

Bildführer durch eine einzigartige Stadt

BRUNNEN

JESUS UND JERUSALEM
Herausgegeben von Dave Foster
Technische Betreuung: Angus Hudson

Zeichnungen: Jossi Stern

Bisher erschienen in folgenden Ländern:
Bundesrepublik Deutschland: Brunnen Verlag, Gießen
Dänemark: Doxa Forlaget, Bagsvaerd
England: Kingsway Publication Limited, Eastbourne
Norwegen: Lunde Forlag, Oslo
Schweden: Libris Publishing House, Örebro
Schweiz: Brunnen Verlag, Basel
USA: Moody Press, Chicago
Satz: IBV Lichtsatz KG, Berlin
Gedruckt in England by Purnell & Sons Ltd., Paulton
ISBN 3 7655 5763 3

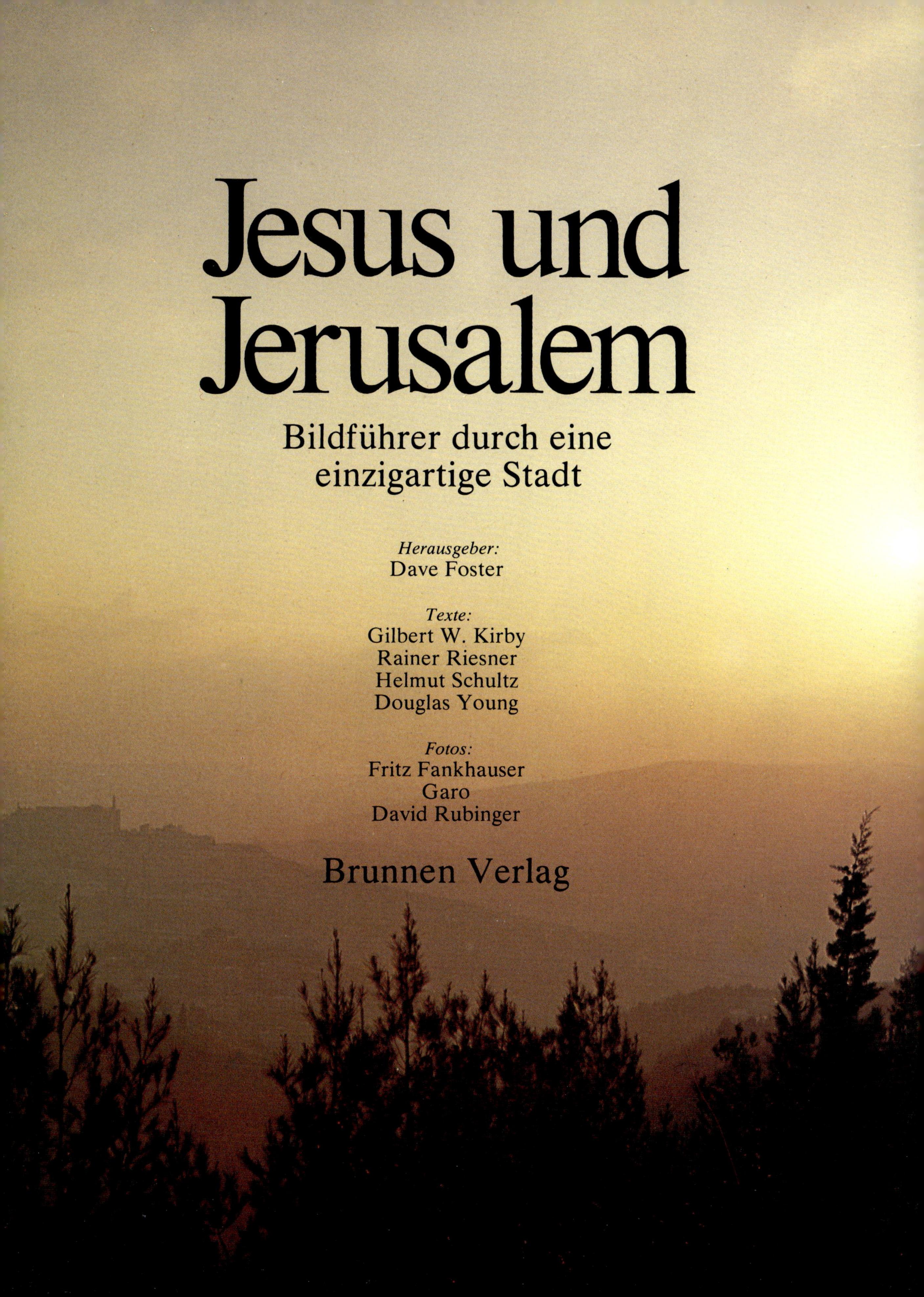

Jesus und Jerusalem

Bildführer durch eine einzigartige Stadt

Herausgeber:
Dave Foster

Texte:
Gilbert W. Kirby
Rainer Riesner
Helmut Schultz
Douglas Young

Fotos:
Fritz Fankhauser
Garo
David Rubinger

Brunnen Verlag

Inhalt

Ausgrabungen erinnern an die bewegte Geschichte der Stadt Jerusalem. Das tiefliegende Ausgrabungsfeld des Teichs Bethesda in der Nähe des Stephanstores. Hier heilte Jesus einen Mann, der schon 38 Jahre lang krank war (Joh. 5,1–9).

Vorwort

Jerusalem ist einzigartig. Dabei ist es weder die größte noch die meistbevölkerte, es ist nicht einmal die am schönsten gelegene Stadt der Welt. Jerusalems Bedeutung liegt wesentlich in seiner überragenden historischen Dimension. Einer Dimension, die nicht in Metern gemessen werden kann, wenngleich die Archäologen uns staunenden Besuchern bei ihren Ausgrabungen die Geheimnisse jahrtausendealter Geschichte Meter um Meter enthüllen.

Für 14 Millionen Juden ist diese Stadt der wichtigste Platz auf der ganzen Welt; für 471 Millionen Moslems ist sie gleich nach Mekka und Medina der heiligste und anbetungswürdigste Ort auf dieser Erde, und für nicht weniger als 985 Millionen Christen ist Jerusalem die Stadt des Lebens und Sterbens Jesu Christi. Doch ganz gleich, ob man nun als Jude, Moslem oder Christ in diese Stadt kommt: alle Pilgerströme, die sich täglich, stündlich in sie ergießen, alle scheinen für sich die Verheißung des Propheten Jesaja zu verwirklichen: „Wenn ihr Jerusalem seht, wird euer Herz sich freuen" (Jes. 66,14).

Folgen wir anhand dieses Buches den Pilgern! Es wird uns sowohl bei der Orientierung als auch durch seine sachkundigen Erläuterungen zu den jeweiligen Sehenswürdigkeiten eine große Hilfe sein. Die den Bildern beigefügte ausführliche und anschauliche Darstellung der Zeit Jesu, ihrer politischen Verhältnisse, der Frömmigkeitshaltung der Zeitgenossen Jesu und ihrer Messiaserwartung erhebt das vorliegende Buch über den Rang eines bloßen Bildbandes. Dadurch wird es zu einer für jeden Bibelleser wichtigen und interessanten Lektüre.

Dem Talmud zufolge stiegen „zehn Maße Schönheit auf die Welt hinab, und Jerusalem empfing davon neun". In der Tat! Jedem wird sich das Bild dieser Stadt unvergeßlich einprägen, der sie im Schein der auf- oder untergehenden Sonne sah. Unsagbar schön wird dann das Licht der Sonnenstrahlen von den Häusern reflektiert, die aus dem Kalkstein der judäischen Hügel gebaut wurden.

Dem Christen, der Jerusalem zum erstenmal besucht, erscheint die Stadt eigenartig vertraut. Er hat das Gefühl, alles schon einmal gesehen zu haben. Da ist der Vorort Jerusalems, in dem Johannes der Täufer, der Wegbereiter Jesu, geboren wurde, oder das nahegelegene Bethlehem, der Geburtsort Jesu. In Jerusalem selbst steht der Besucher auf dem Platz, auf dem Jesus Kranke heilte, und mühelos kann er den triumphalen Einzug Jesu in die Stadt gedanklich nachvollziehen. Im Garten von Gethsemane steht er unter uralten Olivenbäumen, die an den qualvollen Gebetskampf Jesu erinnern. Nur unwesentlich davon entfernt ist der Platz, an dem Kaiphas die Gerichtsverhandlung gegen Jesus führte, an dem Petrus seinen Herrn verleugnete und verriet. Niemand wird sich der starken Wirkung entziehen können, die alle diese historischen Stätten des Lebens und Sterbens Jesu auf den Besucher ausüben. Hier, in dieser Umgebung, wird man den Leidensweg Christi in dieser ganz besonderen Weise verstehen lernen.

Das ist die eine Seite, wie sich Jerusalem seinen Gästen zeigt. Auf der anderen Seite wirkt die Stadt auf den christlichen Betrachter überraschend, ja man kann sagen, sogar schockierend. Wer mit der Vorstellung hierher kommt, die

Alt und jung, heilig und weltlich, all dies ist Jerusalem.

Stadt Davids und die Stadt Jesu zu besuchen, für den mag es ein Schock sein, eine lebendige und geschäftige Metropole vorzufinden.

Unübersehbar wird die Silhouette der Altstadt mit ihren malerischen Domen, Türmchen und Minaretten von vielen tausenden Fernsehantennen überragt. Und wenn der Amateurfotograf endlich einen Esel entdeckt hat als Symbol für das alte Jerusalem, dann kann es schon passieren, daß dieses arme Tier erschreckt zur Seite springen muß, um der glänzenden Mercedes-Limousine Platz zu machen, die sich laut hupend ihren Weg bahnt.

Doch gerade dies ist das Besondere, das Aufregende an Jerusalem: diese ganz einmalige Mischung aus Uraltem, Überliefertem und Modernem, aus – wenn man so will – Heiligem und Weltlichem. Nirgendwo sonst dürfte man das in dieser Weise antreffen.

Diese Atmosphäre einzufangen, das Besondere Jerusalems, der „Stadt des Friedens" – wie sich ihr Name übersetzen läßt – im wahrsten Sinne des Wortes „sichtbar" werden zu lassen, ist eine Absicht des vorliegenden Bildbandes. Römer, Türken und Kreuzritter haben gleichermaßen diese jüdische Stadt geprägt, in der auch heute die vor Jahrtausenden ausgesprochenen Verheißungen der Propheten noch so lebendig und spürbar sind, daß jeder Christ, der sich mit dieser Stadt beschäftigt, wesentlich mehr als nur gefühlsmäßig angeregt wird. Die Begegnung mit Jerusalem bedeutet fast immer auch eine geistliche Herausforderung. Nicht zuletzt aus diesem Grunde sind sich Juden wie Christen einig im Hoffen darauf, daß sich erfüllt, was der Prophet Jesaja sagte: „Es wird zur letzten Zeit der Berg, da des Herrn Haus ist, fest stehen, höher denn alle Berge … und alle Völker werden hingehen und sagen: Kommt, laßt uns auf den Berg des Herrn gehen … Denn von Zion wird das Gesetz ausgehen und des Herrn Wort von Jerusalem" (Jes. 2,2–3).

Dave Foster

Jerusalem

Jerusalems historische Bedeutung

Jerusalem steht heute im Brennpunkt der Weltpolitik. Es ist die Hauptstadt eines Landes, zu dessen Entstehung es in der ganzen Weltgeschichte keine Parallele gibt.

598 und 587 v. Chr. deportierten die Babylonier die jüdische Führungsschicht und siedelten sie in Mesopotamien an. Seit dieser Zeit leben die meisten Juden nicht im Land Israel, sondern in der Diaspora (Zerstreuung) unter anderen Völkern. Heute gibt es etwa 14 Millionen Juden auf der Welt. Rund 6 Millionen davon leben in den Vereinigten Staaten, nur knapp 3 Millionen im modernen Staat Israel und fast ebenso viele in der Sowjetunion.

70 n. Chr. wurde Jerusalem von den Römern fast vollständig zerstört. Nach 135 n. Chr. errichteten sie auf den Trümmern die heidnische Stadt Aelia Capitolina, die Juden über Jahrhunderte hinweg bei Todesstrafe nicht betreten durften. Im Land selbst wurde die jüdische Bevölkerung dezimiert, so daß sie in den folgenden achtzehn Jahrhunderten immer nur eine Minderheit bildete.

Den Verfolgungen und Diskriminierungen in den Gastländern konnte auch die Judenemanzipation der Aufklärung kein Ende bereiten. Deshalb kam es seit 1870 zu einer starken Rückwanderungsbewegung von Juden ins damals türkisch besetzte Palästina. Die Neusiedler erwarben von der Regierung und den arabischen Einwohnern meist versteppte und versumpfte Gebiete. Sie legten dort Gemeinschaftssiedlungen (Moschawim und Kibbuzim) an und vollbrachten erstaunliche Leistungen bei der Rekultivierung des Landes.

1896 veröffentlichte der Journalist Theodor Herzl das Buch „Der Judenstaat", in dem er eine gesicherte Heimat für alle Juden forderte. Die Zionistische Bewegung griff diese Idee auf, konnte sich aber anfangs nicht einigen,

Überaus interessante archäologische Ausgrabungen und die faszinierende Architektur Jerusalems bewegen Wissenschaftler und Touristen aus aller Welt zum Besuch dieser Stadt.

wie sie verwirklicht werden sollte. Nachdem ein Plan zur Ansiedlung in Kenia gescheitert war, konzentrierten sich dann die Siedlungspläne ganz auf Palästina. Nach dem Sieg der Engländer über die Türkei erlaubte die Balfour-Erklärung von 1917 den Juden eine verstärkte Einwanderung. Am Ende des Zweiten Weltkriegs bestand schon fast die Hälfte der Bevölkerung im britischen Mandatsgebiet, das auch das Ostjordanland umfaßte, aus Juden.

Der Nationalsozialismus kostete 5 bis 6 Millionen Juden das Leben. Nahezu die Hälfte dieses Volkes wurde ausgerottet. Unter dem Eindruck des bestialischen Massakers kam es 1947 zu einem Beschluß der Vereinten Nationen, Palästina in einen arabischen und einen jüdischen Staat zu teilen. Nachdem Ben Gurion am 15. Mai 1948 in Jerusalem den Staat Israel ausgerufen hatte, begann sofort ein Krieg mit den arabischen Nachbarn, die sich der Staatsgründung widersetzten. 1949 wurde ein Waffenstillstand geschlossen. Seitdem war Jerusalem eine geteilte Stadt. Die Neustadt gehörte zu Israel, die Altstadt zu Jordanien, dazwischen lag ein Streifen Niemandsland. Nach anhaltenden Grenzspannungen und einem kleineren Konflikt im Jahr 1956 kam es 1967 und 1973 zwischen Israel und den arabischen Nachbarstaaten zu schweren kriegerischen Auseinandersetzungen. Im Sechstage-Krieg von 1967 wurde Alt-Jerusalem von israelischen Truppen besetzt und mit der Neustadt vereinigt. Dieser Maßnahme fehlt bisher die internationale Anerkennung. Ebensowenig besitzt Israel bis heute allgemein garantierte Grenzen, sondern nur Feuereinstellungslinien. Immer wieder schaut die ganze Welt mit Furcht und Hoffnung nach Jerusalem. Wird dort ein dritter Weltkrieg beginnen oder ein erster Durchbruch zu weltweitem Frieden gelingen?

Es bedeutet Hoffnung, aber auch Konfliktstoff, daß drei große Weltreligionen nach Jerusalem blicken. Die jüdische Religion ist untrennbar mit dem Land Israel und seinem Zentrum Jerusalem verbunden. Die Landverheißungen, die Gott den Stammvätern Israels gab, haben durch Jahrtausende hindurch die Sehnsucht nach Rückkehr wachgehalten. Das Christentum ging aus dem Judentum hervor, wie schon der Apostel Paulus betonte[1]. Jesus und seine ersten Anhänger waren palästinische Juden des ersten Jahrhunderts, die wir überhaupt nur auf dem Hintergrund dieser Herkunft verstehen können. Der Islam schließlich wurde von Judentum und Christentum gleichermaßen beeinflußt. Für ihn ist Jerusalem der heiligste Wallfahrtsort nach Mekka und Medina.

Die gegenwärtige und zukünftige Rolle Jerusalems kann nur begreifen, wer seine über viertausendjährige Geschichte kennt. Diese Geschichte liegt heute unter dem Schutt von Jahrtausenden begraben. Aber seit dem letzten Jahrhundert beginnt der Spaten des Archäologen in die Geheimnisse der Vergangenheit einzudringen. Es wurden sensationelle Entdeckungen gemacht, die uns mit Ereignissen und Gestalten konfrontieren, die wir bisher nur aus der Bibel kannten. Das große archäologische Forschungsabenteuer ist noch lange nicht abgeschlossen. Für die nächsten Jahre hat man in Jerusalem ein großzügiges Ausgrabungsprogramm mit den allermodernsten Methoden vorgesehen.

[1] Röm. 11,16–24.

Seite 11: Frühe Bewohner der Stadt waren die Jebusiter, ein Volk vermutlich hethitischer Abstammung. Ihre Ansiedlung lag auf dem Ophel oberhalb der Gihon-Quelle.

Die geographische Lage der Stadt

Jerusalem ist „eine Stadt auf dem Berge“. Es liegt in 650 bis 800 m Höhe auf dem Gebirge Juda, das den Jordangraben im Osten und das Mittelmeer im Westen voneinander trennt. Rund 60 Kilometer sind es nach der Hafenstadt Tel Aviv (dem biblischen Joppe), etwa 30 Kilometer nach Jericho nahe dem Jordan. Wer von der Küstenebene oder der Jordansenke herkommt, die z. T. mehr als 300 m unter dem Meeresspiegel liegt, muß auf relativ kurzen Strecken starke Höhenunterschiede überwinden. Nach Jerusalem „zieht man hinauf“[2]. Dem heutigen Autofahrer fällt es allerdings schwer, die Mühen der jüdischen Pilger nachzuempfinden, die früher nach anstrengenden Fußmärschen die Stadt erreichten.

Die geographische Lage Jerusalems eignete sich gut für den Aufbau einer wehrhaften Stadt. Über den Hauptkamm des Gebirges Juda verlief eine uralte Handels- und Kriegsstraße, welche die Hochkulturen Ägyptens und Mesopotamiens miteinander verband. Sie hatte eine besondere strategische Bedeutung, weil die Straßen in der Küstenebene und parallel zum Jordan häufig in die Hände kriegerischer Völker fielen. Ein anderer bedeutender Verkehrsweg führte vom Mittelmeer über die Jordanfurten östlich von Jericho nach Arabien. An der Kreuzung dieser beiden Routen wurde Jerusalem aber nicht nur zu einem wirtschaftlichen und politischen Brennpunkt. Entlang der Handelsstraßen drangen neue und alte Religionen vor und kämpften um die Stadt.

Alt-Jerusalem liegt nicht direkt auf dem Hauptkamm des Gebirges Juda, sondern auf einem Bergvorsprung, der vom Hauptzug nach Südosten abzweigt. Dieser kleine Gebirgszug ist im Westen und Süden durch das tiefabfallende Hinnom-Tal, im Osten vom noch steileren Kidron-Tal begrenzt. Der vorspringende Bergrücken wird durch ein weiteres Tal in zwei Hügelzüge unterteilt. In neutestamentlicher Zeit hieß es Tyropoion-(Käsemacher-)Tal. Die Trümmer von Jahrhunderten schütteten es zu, so daß man von diesem Tal heute nicht mehr viel sieht.

Im Hinnom-Tal wurden in der israelitischen Königszeit den kanaanäischen Götzen Menschenopfer dargebracht[3]. Dadurch wurde es für jeden Frommen ein Inbegriff des Abscheus. In der Muttersprache Jesu (Aramäisch) erhielt deshalb der Ort der Verdammnis nach diesem Tal den Namen „Gehenna“[4]. Der Kidron ist ein „Winterbach“[5], in dem nur während der Regenzeit Wasser fließt. Die Wasserversorgung war immer das große Problem Jerusalems, besonders in der vorisraelischen Zeit, als man noch keine Zisternen zu bauen verstand.

Am Abfall des östlichen Hügels ins Kidron-Tal entspringt die Gihon-Quelle, die das ganze Jahr über Wasser gibt. Hier auf dem „Zion“ erbaute man deshalb auch die erste Stadt. Obwohl der Westhügel geräumiger, höher und klimatisch günstiger gelegen war, wurde er erst später besiedelt. Auf ihn übertrug man in christlicher Zeit den Namen „Zion“, der sich ursprünglich auf den Osthügel bezog.

Durch die nach drei Seiten abfallenden Täler war Jerusalem gut zu verteidigen. Belagerungsmaschinen konnten nur im Westen eingesetzt werden. Weil der Hauptkamm des Gebirges Juda bei Jerusalem nicht sehr breit ist, ließ er sich leicht sperren. Wer die Stadt in der Hand hatte, kontrollierte damit die Landbrücke zwischen Afrika und Asien. Seine günstige geographische Lage brachte Jerusalem Glanz, aber auch immer wieder Krieg.

Östlich von Jerusalem verläuft ein mehrgipfliger Höhenzug. Auf seinem hö-

[2]Psalm 122,2–3; Matth. 20,17–18. [3]Jer. 7,31; 32,35. [4]Matth. 5,22; 23,15. [5]Joh. 18,1.

heren Nordteil, dem Skopus (819 m), liegen heute Gebäude der Hebräischen Universität. Der niedrigere Südausläufer (809 m) heißt schon seit alttestamentlicher Zeit[6] „Ölberg". Seinen Namen hat er von den Olivenbäumen, die dem ganzen Mittelmeerraum, in dessen Klimazone Jerusalem liegt, sein typisches Gepräge geben. Jedem Urlauber ist das Bild von Ölbaumplantagen aus Spanien, Italien oder Griechenland vertraut.

Das Kidron-Tal zwischen der Stadt und dem Ölberg wurde manchmal auch Tal Josaphat genannt. Joel[7] sah hier in einer prophetischen Vision Gott über die Heidenvölker Recht sprechen. Um bei der Ankunft des Weltenrichters sofort zur Stelle sein zu können, ließen sich in späterer Zeit Juden, Christen und Mohammedaner hier bestatten. Tausende von weißen Grabsteinen bedecken das Tal und die Berghänge.

Schon in der Zeit vor Jesus begann sich Jerusalem stark nach Norden auszubreiten. Die Stadt hatte damals schätzungsweise 50000 Einwohner. Diese Zahl konnte sich allerdings bei den großen Wallfahrtsfesten durch die herbeiströmenden Pilgermassen verdrei- und vervierfachen. Das Zentrum des heutigen Jerusalem ist die von rund 300000 Juden besiedelte Neustadt. Sie liegt auf den Höhenzügen des Hauptkamms im Westen der Altstadt. Die Altstadt ist heute vor allem ein Mittelpunkt des Fremdenverkehrs. Die über 70000 Einwohner sind in ihrer Mehrzahl Araber, aber auch eine starke jüdische Gruppe und Christen verschiedener Nationalitäten haben hier ihre Heimat. Das arabische Viertel behielt bis heute seinen stark orientalischen Charakter. Das jüdische Viertel wird nach seiner teilweisen Verwüstung in der jordanischen Zeit seit 1967 wieder neu aufgebaut. Dabei bemüht man sich, die modernen Gebäude ihren historischen Vorbildern anzupassen.

Blickt man vom Ölberg auf die Stadt, so bietet sich dem Betrachter eine der schönsten Städteansichten der Welt. Hinter massiven Mauern liegt ein faszinierendes Gewirr von Kirchen, Synagogen, Moscheen und abenteuerlich verwinkelten Häusern. Die Mauern der Altstadt stammen aus der Türkenzeit. Sultan Soliman der Prächtige (1520–1566) ließ sie aus hellem Kalkstein auf älteren Fundamenten errichten. Besonders am Morgen und Abend kann die Sonne Jerusalem in ein unwirklich schönes, rötliches Licht tauchen. In solchen Augenblicken vermag der moderne Besucher etwas von der Begeisterung alttestamentlicher Pilger nachzuempfinden, die beim Anblick der Stadt sangen[8]:

> Schon treten unsere Füße
> in deine Tore, Jerusalem.
> Jerusalem, du Stadt, so herrlich erbaut,
> gar fest gefügt und geschlossen.

[6]Sach. 14,4. [7]Joel 4,2. [8]Psalm 122,2–3.

Jerusalem in alttestamentlicher Zeit

Die kanaanäische Stadt

Schon altägyptische Verfluchungstexte aus dem 19./18. Jh. v. Chr. erwähnen eine Stadt „Ruschalimum" in Kanaan. Die Amarna-Briefe, eine Korrespondenz kanaanäischer Vasallenfürsten mit den Pharaonen Amen-Hotep III. und IV. aus dem 14. Jh. v. Chr., nennen diese Stadt „Urusalim". Beide Namen bedeuten „Gründung des Schalem". Schalem war der kanaanäische Gott der Abenddämmerung. Wegen der heidnischen Herkunft des Namens Jeruschalem änderten die Rabbinen später seine Aussprache in Jeruschalajim. So lautet auch heute die offizielle israelische Bezeichnung für die Stadt.

Die griechischsprachigen Juden sagten „Jerusalem". Seit dem 2. Jh. v. Chr. findet sich auch die Schreibweise „Hierosolyma", die an das griechische Wort „hieros" (heilig) anklingt. Beide Namensformen kommen im Neuen Testament vor. Schon zur Zeit Jesu scheint es eine volkstümliche Worterklärung gegeben zu haben, die Jerusalem als Stadt des Friedens (hebräisch: schalom)[1] deutete: Als Ausdruck von Friedenssehnsucht erfreut sich diese Interpretation

[1] Luk. 19,42.

König Hiskia ließ einen unterirdischen Schacht graben, der das Wasser der Gihon-Quelle in den Siloah-Teich leitete.

bis heute großer Beliebtheit. Die Araber nennen die Stadt seit Mohammed wegen ihrer religiösen Bedeutung „El-Kuds" (die Heilige).

Von den Israeliten wurde die Stadt nach ihren früheren Bewohnern manchmal auch Jebus[2] genannt. Die Jebusiter waren anscheinend ein Volk hethitischer Herkunft[3]. Nach der israelitischen Landnahme lösten sie die Amoriter[4] als Herren Jerusalems ab. Von der vorisraelitischen Besiedlung geben nicht nur Keramik- und Grabfunde Zeugnis. Seit 1961 legte man durch einen tiefen Ausgrabungsschacht, der von der Gihon-Quelle über eine Treppe zu erreichen ist, verschieden alte Stadtmauern frei. Der Talsohle am nächsten liegt ein zweieinhalb Meter dickes, solides Mauerstück mit den Überresten eines Torturms. Es stammt aus dem 20./19. Jh. v. Chr., wurde aber mit Sicherheit auch noch in israelitischer Zeit weiterbenutzt.

Das Alte Testament berichtet von einer Begegnung Abrahams mit Melchisedek, dem Stadtkönig von „Salem", dessen militärischer Verbündeter er war[5]. Salem ist eine Kurzform für Jerusalem[6]. Möglicherweise wird auch schon die Opferung Isaaks im Land Morija[7] mit Jerusalem verbunden[8].

David und Salomo

Den landnehmenden Israeliten war die Eroberung von Jerusalem nicht gelungen, was die günstige Verteidigungslage der Stadt beweist[9]. Erst unter David wurde sie durch einen kühnen Handstreich eingenommen. Die Gihon-Quelle lag außerhalb der Jebusiter-Mauer, war aber durch einen Schacht zugänglich, dessen Spuren im letzten Jh. wiederentdeckt wurden. Durch diesen Wasserschacht stieg Davids Feldherr Joab mit einem Stoßtrupp empor und überrumpelte die ahnungslose Besatzung[10]. Ein großer Teil der jebusitischen Bevölkerung scheint aber die Stadt auch nach ihrer Eroberung weiterbewohnt zu haben[11].

David erhob Jerusalem zur Hauptstadt seines neugegründeten Großreiches. Das war insofern ein geschickter Schachzug, als die Stadt zu keinem Stammesterritorium gehörte und darum dem König eine unabhängige Stellung verschaffte. Von der Bautätigkeit Davids[12] zeugen bisher nur einige Stützmauern und der Fund eines Säulenbruchstücks.

Der neue Name „Stadt Davids" konnte sich auf Dauer nicht gegen die alte Bezeichnung Jeruschalem durchsetzen. Dagegen gewann der Name „Zion" in religiösen und dichterischen Texten an Beliebtheit[13]. Später wurde diese Bezeichnung zum formelhaften Ausdruck für alle Sehnsucht und Hoffnung, die Juden mit Jerusalem verbanden.

Der Familie Davids verhieß der Prophet Nathan ewige Herrschaft[14]. Diese Weissagung wurde zur Kernstelle der Messiaserwartung. Die israelitischen Könige wurden durch Salbung in ihr Amt eingesetzt[15]. Das griechische Wort Messias gibt das hebräische „Maschiach", der Gesalbte, wieder. „Messias" nannte man später den erhofften König aus dem Hause Davids, der mit Gottes Hilfe ein ewiges Friedensreich aufrichten würde.

Mit dieser Verheißung an die Davidsdynastie erhielt natürlich auch ihre Hauptstadt Jerusalem eine herausgehobene heilsgeschichtliche Bedeutung. Äußerlich wurde das dadurch betont, daß hier die Könige beerdigt wurden. Vermutlich wurde ihre Grabanlage 1913/14 im Südteil der alten Davidsstadt gefunden.

David machte Jerusalem auch zum religiösen Zentrum des Landes, indem er die Bundeslade, das Heiligtum der Stämme, hierher bringen ließ[16]. Seinen

Das legendäre Davidsgrab auf dem Berg Zion.

[2]Richt. 19,10; 1. Chron. 11,4. [3]Vgl. Hes. 16,3. [4]Richt. 10,1–5. [5]1. Mose 14,18. [6]Psalm 76,3. [7]1. Mose 22,2. [8]Vgl. 2. Chron. 3,1. [9]Josua 15,63. [10]2. Sam. 5,7–8; 1. Chron. 11,6. [11]Vgl. Richt. 1,21. [12]2. Sam. 5,9. [13]Psalm 9.12 u. ö. [14]2. Sam. 7,11–16. [15]Vgl. 1. Sam. 16,1–13. [16]2. Sam. 6.

Plan, einen Tempel zu bauen, konnte er allerdings nicht mehr ausführen. Lediglich den Platz für den künftigen Bau bestimmte David noch auf Geheiß des Sehers Gad[17] und ließ dort einen Altar bauen.

Der Tempelbau begann dann unter seinem Sohn Salomo, den Nathan bei der Gihon-Quelle zum König gesalbt hatte[18]. Architekten und Handwerker aus Tyrus halfen bei dem Bauvorhaben mit, das rund zwanzig Jahre beanspruchte[19]

Unter Salomo wurde Jerusalem zu einem Zentrum von Wissenschaft und Dichtung[20], das Besucher aus den fernsten Ländern anzog[21]. Gegen Ende seiner Regierungszeit zeigten sich allerdings schwere Verfallserscheinungen. Durch seinen großen Harem gewannen die Götter fremder Völker Einfluß in Jerusalem. Auf dem Südteil des Ölbergs, der heute „Berg des Ärgernisses“ heißt, wurden heidnische Kultstätten errichtet[22]. Für seine große Bautätigkeit, von der in Jerusalem bisher nur das kleine Stück einer Kasemattenmauer wiederentdeckt wurde, mußte Salomo Fronarbeiter heranziehen[23]. Das führte zu innenpolitischer Unzufriedenheit[24]. Der Prophet Ahia aus Silo kündigte als Strafe Gottes die Teilung des Reiches an[25]. Sie trat 931 tatsächlich ein, als die Nordstämme Jerobeam zum König wählten[26]. Nur die Stämme Juda und Benjamin blieben Salomos Sohn Rehabeam treu.

Das Südreich Juda

Im Nordreich Israel wechselte eine Dynastie die andere ab. Dagegen blieb im Südreich Juda den Nachkommen Davids die Herrschaft erhalten, wie es der

[17] 2. Sam. 24,18–25. [18] 1. Kön. 1. [19] 1. Kön. 5,15–7,51. [20] 1. Kön. 5,1–14. [21] 1. Kön. 10. [22] 1. Kön. 11,7. [23] 1. Kön. 5,27. [24] 1. Kön. 12,1–14. [25] 1. Kön. 11,26–29. [26] 1. Kön. 12,20.

Könige und Propheten des alten Israel sollen in diesen aus dem Fels gehauenen Grabanlagen bestattet worden sein. Die Gräber stammen jedoch aus späterer Zeit.

Prophet Nathan angekündigt hatte. Allerdings waren durchaus nicht alle Herrscher Gott gehorsam. Immer wieder mußte er seine Botschafter, die Propheten, aussenden. Sie erinnerten die Herrscher daran, daß Gott der eigentliche König Israels blieb, der über sein Recht wacht.

Im 8. Jh. v. Chr. begann die neuerstarkte Großmacht Assur nach den beiden jüdischen Königreichen zu greifen. In dieser Krisenzeit erneuerte der Prophet Jesaja die Verheißung Gottes für das Haus David. In seinen Weissagungen nahm das Bild des zukünftigen Friedenskönigs allmählich deutliche Züge an[27]. Zum Segen für das Südreich öffnete sich der König Hiskia dem Einfluß des Propheten. Der Monarch tat aber auch von sich aus alles, um Jerusalem vor seinen Feinden zu schützen. Er ließ eine zusätzliche Mauer bauen, vermutlich um die neu entstandenen Stadtteile auf dem Westhügel zu schützen[28]. Bei Ausgrabungen zwischen 1969 und 1971 wurde im jüdischen Viertel ein massives Mauerstück gefunden, das aus dieser Zeit stammen könnte. Es liegt heute unter Wohnhäusern, wird aber Besuchern zugänglich gemacht.

Besondere Bedeutung hatten Hiskias Bemühungen um die Wasserversorgung, die ja Jerusalems größtes Problem war.

Der König ließ von der Gihon-Quelle einen Tunnel anlegen, der das Wasser in den Siloah-Teich innerhalb der Stadtmauern leitete[29]. Die Tunnelarbeiten wurden von beiden Seiten vorangetrieben, und die Grabungstrupps trafen sich fast genau auf der Mitte der Strecke. Von dieser meisterhaften Ingenieurleistung zeugt eine Inschrift, die 1880 in eben diesem Schacht entdeckt wurde. Sie stellt eins der ältesten hebräischen Schriftdenkmäler dar und ist heute im Orient-Museum von Istanbul zu sehen.

Das Nordreich Israel brach 722/721 unter dem Ansturm der Assyrer zusammen. Die Einwohner wurden in einer Massendeportation weggeführt[30]. Aus den verbliebenen Bevölkerungsresten und Neuangesiedelten entstand das Volk der Samaritaner. Ihre Verehrung des Gottes Israels fand nie offizielle jüdische Anerkennung.

Die Ermutigung durch Jesaja und die Umsicht Hiskias bewirkten, daß dem

[27]Jes. 9,1–5; 11. [28]2. Chron. 32,5. [29]2. Kön. 20,20. [30]2. Kön. 17.

Südreich ein ähnliches Schicksal vorerst erspart blieb. Als der Großkönig Sanherib 701 gegen Jerusalem zog, mußte er die Belagerung abbrechen, weil Gott wunderbar eingriff[31].

Die Hoffnung auf eine große Zeit erwachte wieder, als der junge König Josia an die Macht kam. Entschlossen kämpfte er gegen den Götzendienst, der sich im Südreich ausgebreitet hatte. Besonders sein Vater Manasse hatte die Einwanderung fremder Kulte toleriert. Er hoffte wohl, dadurch das Wohlwollen der Großmächte Babylon und Ägypten zu erlangen, die Juda unter ihren Einfluß bringen wollten. Entscheidend für die Reformen des Josia war, daß man bei den Reparaturarbeiten am Tempel das mosaische Gesetzbuch wiederfand[32]. Seinen Bestimmungen entnahm man, daß es eigentlich nur *einen* Ort geben sollte, an dem geopfert wird[33]. Josia ließ deshalb alle Heiligtümer im Land zerstören. Die Asche der Götzenbilder streute man über die Gräber im Kidron-Tal. Damals wurden auch die Kultstätten im Hinnom-Tal vernichtet[34]. Doch diese Hoffnung erlosch, als Josia 609 bei Megiddo im Kampf gegen Pharao Necho fiel[35].

Die Nachfolger Josias versuchten durch eine wechselnde Bündnispolitik, dem Südreich die Unabhängigkeit zu erhalten. Die Propheten Zephanja, Nahum und Habakuk erinnerten das Volk und seine Herrscher daran, daß über das Geschick Jerusalems letztlich Gott selber entscheidet. Aber sie stießen auf taube Ohren. Ihre Zeitgenossen vertrauten lieber den fremden Göttern, die ja dem Anschein nach so offensichtlich ihre Macht bewiesen. Vor allem der Prophet Jeremia wurde mit seiner ganzen Existenz in den Kampf Gottes um sein Volk hineingezogen. Doch er mußte erleben, wie selbst die geistlichen Führer nicht auf Gott hören wollten. Deshalb blieb Jeremia nur, die Zerstörung Jerusalems und die Deportation der Bevölkerung nach Babylon vorauszusagen[36]. Erst nach der Katastrophe sah er eine neue Hoffnung aufleuchten: Gott würde einen neuen Bund mit seinem Volk schließen, bei dem sein Wille nicht mehr auf steinerne Tafeln, sondern in menschliche Herzen geschrieben ist[37].

[31] 2. Kön. 18–19. [32] 2. Kön. 22. [33] Vgl. 5. Mose 12. [34] 2. Kön. 23,6.10. [35] 2. Kön. 23,29–30. [36] Jer. 25. [37] Jer. 31,31–34.

Blick vom Ölberg auf Jerusalem.

Zerstörung und Wiederaufbau

Die von Jeremia vorausgesagte Katastrophe begann, als der babylonische König Nebukadnezar Jerusalem 598 ein erstes Mal belagerte. Nachdem er die Stadt eingenommen hatte, plünderte er den Tempel und deportierte einen großen Teil der Oberschicht[38]. Obwohl der Prophet Jeremia vor jeglichem Widerstand warnte, versuchte Zedekia, der letzte König Judas, noch einmal, sich gegen Babylon zu erheben. Diesmal aber begnügte sich Nebukadnezar nicht mit einer Übergabe, sondern ließ den Tempel und die ganze Stadt in Flammen aufgehen (586).

Seit einigen Jahren sind stumme Zeugen dieser Katastrophe zu sehen. Unmittelbar hinter der Jebusiter-Mauer liegt eine der von den Babyloniern zerstörten Mauern.

Nachdem Nebukadnezar auch den verbliebenen Rest der Oberschicht deportieren ließ, blieb im Land nur die bäuerliche Bevölkerung übrig. Es war eigentlich zu erwarten, daß sie ohne geistige und religiöse Führung der Verschmelzung mit Neusiedlern zum Opfer fallen würde. Doch Gott hielt seinem Volk die Treue. Seine Verheißung galt den in die Verbannung Geführten[39]. Durch die Demütigung des Exils sollten sie neu lernen, ihm allein zu vertrauen. Gott begann sein Versprechen einzulösen, als er fern von Israel Propheten zu den Verbannten sprechen ließ. So gab er Hesekiel in Babylonien eine hinreißende Schau von der herrlichen Zukunft Jerusalems[40].

Auch im Schülerkreis des Propheten Jesaja wurden alte Weissagungen durch neue Gottesworte interpretiert. So erkannte man den persischen Großkönig Kyrus als den von Gott bestimmten Retter[41]. Tatsächlich erlaubte er den Israeliten 538 nach seinem Sieg gegen die Babylonier die Rückkehr[42]. Anfangs machten sich allerdings nur wenige auf, da die Verhältnisse in der alten Heimat wenig verlockend schienen. Doch unter der Leitung der Propheten Haggai und Sacharja wurde dann der Tempel wieder aufgebaut und 515 neu eingeweiht[43].

Die Mauern Jerusalems lagen allerdings noch immer zerstört da. Hilfe kam dann – wie so oft in der Geschichte des Judentums – von einem Juden, der es im Gastland zu Macht und Ansehen gebracht hatte. Nehemia bekam 445 vom persischen König Artaxerxes die Erlaubnis, die Mauern Jerusalems wieder aufzurichten[44]. Durch seinen persönlichen Bericht erhalten wir Aufschluß über den damaligen Verlauf der Stadtbefestigung[45]. Wie die Ausgrabungen zeigen, mußte der Wiederaufbau unter ziemlich bescheidenen Verhältnissen geschehen. Die Mauer Nehemias liegt weit über der jebusitischen Verteidigungslinie. Aus der Zeit des Nehemia stammen wohl auch die untersten Steinlagen an der Südostecke der Tempelmauer, der sog. „Zinne des Tempels".

Sorgte Nehemia für den äußeren Aufbau der Stadt, so mühte sich der Priester Esra um die religiöse Erneuerung und Stärkung des Volkes. Zwei seiner Maßnahmen sollten künftig das Judentum besonders prägen. Um das ganze Volk im Gesetz zu unterweisen, führte Esra öffentliche Lesungen ein[46]. Dieser Brauch wurde dann in den Synagogen fortgesetzt (siehe S. 40). Zum anderen wandte er sich zusammen mit Nehemia rigoros gegen Ehen zwischen Juden und Nichtjuden[47]; denn durch solche Mischehen hatten immer wieder fremde Götter in Israel Einzug gehalten.

Die sog. „Zinne des Tempels" hoch über dem Kidrontal.

Die hellenistische Zeit

Nach seinem Sieg über die Perser brachte Alexander der Große 330 auch Palästina unter seine Herrschaft. Schon im persischen Großreich hatten die Grie-

[38] 2. Kön. 24,8–17. [39] Jer. 24. [40] Hes. 40–48. [41] Jes. 44,24–45,7. [42] Esra 1. [43] Esra 3–6. [44] Neh. 1–2. [45] Neh. 3. [46] Esra 8. [47] Esra 9–10; Neh. 13.

chen mit ihrer hochentwickelten Kultur und Technik eine hervorragende Stellung eingenommen. Alexander unterstützte ihren Einfluß, und auf diese Weise gelang es ihm, sein Riesenreich innerlich zu vereinheitlichen. Überall wurden griechische Siedlungskolonien gegründet, die auf ihre Umgebung eine starke Wirkung ausübten. Griechisch begann zur Weltsprache zu werden. Es entstand die Einheitskultur des Hellenismus. Die Griechen dominierten dabei durch Wissenschaft und Philosophie, der Orient steuerte manches religiöse Element bei. Nach Alexander beherrschten zunächst die ägyptischen Ptolemäer Palästina, später dann die syrischen Seleukiden. Beide setzten die Hellenisierungspolitik fort.

In Jerusalem öffnete sich die Oberschicht bereitwillig dem hellenistischen Einfluß. Man begann immer mehr griechisch zu sprechen und zu denken. Nach hellenistischem Vorbild wurden große Sportanlagen gebaut, und selbst Priester (vgl. Seite 36) versäumten ihren Dienst, um zu den Wettkämpfen zu eilen[48]. Vermutlich wäre das Judentum mit der Zeit in der Welteinheitskultur aufgegangen, hätten die Förderer der Hellenisierung etwas geduldiger gewartet. Im Bündnis mit dem Seleukiden Antiochus IV. versuchten sie aber, durch gewaltsame Maßnahmen das Judentum zu vernichten. Der Sabbat und die Beschneidung wurden verboten, die heiligen Schriften verbrannt und der Tempel im Jahr 167 zu einem Zeus-Heiligtum entweiht.

Anfangs ließen sich die Juden, die Gott treu bleiben wollten, am Sabbat wehrlos abschlachten[49]. Aber dann brach unter Führung der Brüder Judas Makkabäus, Jonathan und Simon der Aufstand los. Unter wechselvollen und verlustreichen Kämpfen wurde ein Waffenstillstand erreicht, nicht zuletzt deswegen, weil die neue Großmacht Rom gegen Antiochus Partei ergriff[50]. Im Jahr 164 konnte der Tempel wiedereingeweiht werden. Simon begründete eine neue Dynastie, die sich nach einem Ahnherren die „Hasmonäer“ nannte. Noch einmal wurde Israel um Gebiete wie Galiläa und Idumäa erweitert.

Zeugnis von der Bautätigkeit der Hasmonäer in Jerusalem geben Befestigungsmauern, die oberhalb der Gihon-Quelle und im Hof der alten türkischen Zitadelle gefunden wurden. Die hasmonäische Dynastie endete in einem Bürgerkrieg, den Hyrkan II. und Aristobul II. gegeneinander führten. Als Sieger ging der römische Feldherr Pompejus hervor, der 63 v. Chr. Jerusalem einnahm. Die Pharisäer (siehe S. 27) hatten ihn zu Hilfe gerufen, weil sie keine imperialistischen Kriege führen, sondern endlich Frieden haben wollten.

Cäsar setzte 47 v. Chr. den Idumäer Antipater zum Prokurator über Palästina ein. Die Idumäer waren unter den Hasmonäern mit Zwang judaisiert worden, aber dennoch hat man sie nie als vollgültigen Bestandteil des Judentums akzeptiert. Nach der Ermordung des Antipater im Jahr 43 v. Chr. trat sein Sohn Herodes die Herrschaft an. Durch geschicktes Taktieren und absolute Loyalität gegenüber Rom verstand er es, sich über vierzig Jahre an der Macht zu halten (siehe S. 25). Seine Herrschaft war vor allem durch eine großangelegte, verschwenderische Bautätigkeit gekennzeichnet. Jerusalem zur Zeit Jesu trug den Stempel herodianischer Architektur (siehe S. 25).

[48] 2. Makk. 4,7–17. [49] 2. Makk. 6,11. [50] 1. Makk. 12.

Jerusalem zur Zeit Jesu

Das politische Jerusalem

Zur Zeit Jesu war Jerusalem ein politischer Unruheherd. Die unzufriedenen Bewohner empörten sich über die römische Besatzung Palästinas, über die verschwenderisch-pompöse Hofhaltung des herodianischen Königshauses und über die beschämende Würdelosigkeit der Hohenpriester.

Man litt unter wirtschaftlicher Not, als schließlich 64 n. Chr. alle Bauarbeiten am Tempel nach rund achtzig Jahren eingestellt und mehr als 18 000 Arbeiter erwerbslos geworden waren. Rechnet man noch die Familienmitglieder dieser Arbeiter hinzu, dann wird deutlich, eine wie erschreckend hohe Zahl von Menschen unter dieser Maßnahme zu leiden hatte.

Als die Unruhen wuchsen, verschaffte man 66 n. Chr. den aufgebrachten Jerusalemern Ersatzarbeiten. Heute noch kann der Tourist nahe der „Klagemauer" (siehe S. 28) durch einen Grabungsschacht Teile des dreizehn Meter tiefer gelegenen Steinpflasters sehen, das damals gelegt wurde. Doch die Unruhen ließen sich damit nicht beseitigen.

Es gab viele unterschiedliche Gruppen und Parteien, die sich z. T. heftig stritten, auf welche Weise sie ihre jeweiligen politischen Ideen realisieren wollten.

Zusammengehalten wurde die Bevölkerung durch den festen Glauben, daß Gott sein auserwähltes Volk nicht verlassen würde, daß er seine Verheißungen erfüllen und einer in seinem Auftrag kommen würde. Mit diesem Messias, diesem Gottgesandten, an der Spitze des Volkes sollte dann alle Ungerechtigkeit, Unterdrückung und Not zu Ende sein. Dieser Messias würde wie einst die Richter der Frühzeit Israels in die Namenlosigkeit verschwinden, wenn er Gottes Auftrag erfüllt hätte, und dann sollte Gottes unumschränkte Herrschaft beginnen.

Aber wie und wann dies alles geschehen würde, ob durch tatkräftige Mithilfe oder geduldiges Warten, ob durch Waffengewalt oder durch Beten, darüber gab es heftige Auseinandersetzungen.

Der Zorn und die unterdrückte Wut der Bevölkerung Jerusalems richteten sich gegen die Römer, deren Freunde und Helfer. „Zeloten", d. h. Eiferer, hießen die radikalsten Vertreter des jüdischen Widerstandes gegen die Römer. Sie scheuten auch vor keinem Mord zurück. Wenn sich der Strom der Pilger durch die engen Gassen Jerusalems drängte, stießen sie mit ihren krummen Dolchen Römerfreunde nieder und entkamen unerkannt in der Menge. Die „Meuchelmörder", wie sie genannt wurden, verbargen sich in der Wüste, wo sie Banden mit z. T. mehreren tausend Mitgliedern bildeten[1]. Kompromißlos lehnten sie alles ab, was nicht voll und ganz dem mosaischen Glauben unterworfen war. Deswegen gab es auch keine Übereinkunft mit den gemäßigten Patrioten. Deren Haltung war nach Meinung der Zeloten Verrat an der Sache Gottes. Nicht Warten und Beten, nicht fromme Bußübungen und treuer Tempelbesuch würden die messianische Zeit herbeiführen, sondern der totale Einsatz.

Mit Terror glaubten sie die Römer aus dem Lande vertreiben zu können. Doch die Römer schlugen hart zurück und vernichteten immer mehr dieser

[1]Apg. 21,38.

Seite 22: Ein Beter an der Klagemauer in Jerusalem.

Terrorgruppen[2]. Aber die fanatischen Zeloten gaben nicht auf und entfesselten 66 n. Chr. den Jüdischen Krieg, der dann zum Untergang Jerusalems führte.

Als Jesus in Jerusalem einzog, war mit dem Ruf „Hosianna!" bei vielen der Wunsch verbunden, daß jetzt der Aufstand gegen die Römer beginnen würde. „Wir haben gehofft, daß er Israel erlösen würde", sagten selbst die Jünger enttäuscht auf dem Heimweg nach Emmaus[3].

Die Römer

Gegen die Römer empfanden die Jerusalemer wie alle anderen Juden in Palästina heftige Abneigung. Gegen sie richtete sich ihr Zorn und ihre Wut. Aus der Sicht der Juden schändeten die römischen Besatzer das heilige Land Jahwes und entehrten die Stadt, in der Jahwe angebetet wurde. Dabei hatten die Juden selbst die Römer in ihr Land gerufen. Weil die beiden Brüder Hyrkan und Aristobul sich stritten, wer von ihnen das Amt des Hohenpriesters übernehmen sollte, war es im Volk zwischen den jeweiligen Parteigängern zu einem Bürgerkrieg gekommen. Während sich Aristobul im Tempel verschanzt hatte, verbündete sich Hyrkan mit den Nachbarstaaten der Nabatäer und der Idumäer (siehe S. 21).

Das war im Jahre 67 v. Chr. Schließlich baten beide Hasmonäer-Brüder die Römer um Vermittlung in dem Streit. Unter dem Einfluß der Idumäer begünstigte der römische Feldherr Pompejus Hyrkan. Im Jahre 63 v. Chr. stürmten die Römer nach dreimonatiger Belagerung den Tempel und vertrieben Aristobul.

Der Feldherr Pompejus nahm zwar Rücksicht auf die religiösen Empfindungen der Juden und verzichtete darauf, den Tempel zu plündern und das Eigentum Jahwes anzutasten. Dennoch verletzte er das religiöse Gefühl dieses Volkes zutiefst, als er das Allerheiligste ihres Tempels betrat. Das Allerheiligste aber durfte nur der Hohepriester betreten, und auch das nur einmal im Jahr – und sonst kein sterblicher Mensch (siehe S. 26).

Nach der Eroberung des Tempels durch Pompejus blieb Jerusalem in der Hand der Römer. Judäa verlor seine Unabhängigkeit, und Palästina wurde römisches Herrschaftsgebiet, Teil der römischen Provinz Syria.

Von dieser Entwicklung profitierte vor allem der Idumäerfürst Antipater, der Hyrkan unterstützt hatte. Er brachte die Römer dazu, seine Söhne als Herrscher über Palästina einzusetzen. Das war der Beginn der herodianischen Dynastie (siehe S. 25).

Jerusalem war nicht die Residenz der Römer. Der Statthalter des römischen Kaisers lebte in Cäsarea, das auch das Hauptquartier der Truppen war. Nur bei außergewöhnlichen Anlässen reisten die Statthalter nach Jerusalem. Wohler und vor allem sicherer aber fühlten sich die Römer in Cäsarea. Auch Pontius Pilatus wohnte in Cäsarea. Er hatte dort eine Villa, von der man 1961 einen Stein fand, auf dem zu lesen ist: „Tiberieum Pontius Pilatus Prefectus Judaeae", d. h. „Der Präfekt Pontius Pilatus weiht es (das Haus) dem Kaiser Tiberius."

Die Römer ließen es nicht an Nadelstichen und an Zeichen der Verachtung fehlen. Sie reizten das Volk und schlugen dann zu, um Unruhen unter der Bevölkerung hart und blutig zu unterdrücken. Von den Zinnen der Burg Antonia aus überwachten römische Soldaten den gesamten Tempelplatz. Sie standen bereit, um jederzeit einzugreifen und einen Aufruhr im Keim zu ersticken (vgl. Apostelgeschichte 21,31 ff.).

Das Herodeion. Die Festung auf dem kegelförmigen Hügel ließ Herodes der Große zwischen 24 und 15 v. Chr. südöstlich von Bethlehem bauen.

[2]Apg. 5,37. [3]Luk. 24,21.

Dieses sehenswerte Modell im Garten des Holyland-Hotels zeigt das Jerusalem um 66 n. Chr. im Maßstab 1:50.

Das Herodesgrab in der Nähe des King-David-Hotels.

Die Herodianer

Während es die Vertreter der Weltmacht Rom möglichst vermieden, in Jerusalem ihre Macht zu demonstrieren (so wurde z. B. die Besatzung der Burg Antonia nur nachts ausgewechselt), residierten seit 37 v. Chr. in der Stadt Könige, die sich nicht scheuten, prunkvoll und verschwenderisch zu leben und ihre von den Römern verliehene Macht zur Schau zu stellen. Weil fast alle diese Könige Herodes hießen, nannte man sie die „Herodianer".

Schon der erste Herodes hatte es durch geschicktes Taktieren verstanden, sich unter den Römern gute Freunde zu schaffen. Mit ihrer Hilfe wurde er König der Juden. Er und seine Sippe hatten ein Gespür dafür, wer ihnen zur gegebenen Zeit nützlich sein könnte. Sie brauchten die Freundschaft der Römer. Denn nur diese Freundschaft sicherte ihnen den schwankenden Thron in Jerusalem. Das jüdische Volk lehnte sie ab. Die Herodianer waren ebenso verhaßt wie die römischen Besatzer. Auch ihre Herrschaft widersprach der Gottesherrschaft. Sie waren Fremde; stammten sie doch von den Edomitern ab, deren Stammvater der verfluchte Esau war. Idumäer nannte man sie jetzt. In den Augen der orthodoxen Juden blieben die Idumäer Heiden, Menschen ohne Verheißung.

Mit allen Mitteln versuchten die Herodianer, dieses Vorurteil zu beseitigen und von den Juden anerkannt zu werden. Sie heirateten Frauen aus der hasmonäischen Familie und ließen männliche Nachkommen der Hasmonäer oder anderer Familien, die Anspruch auf den Thron erheben konnten, brutal umbringen. Die Angst saß den Herodianern im Nacken, das Volk könnte einen König finden, dessen Vorfahren Jahwe erwählt und beglaubigt hatte. Deshalb war die Nachricht vom „neugeborenen König der Juden"[4] für Herodes eine Schreckensnachricht.

In der Hoffnung, Anerkennung und Zuneigung des Volkes zu finden, modernisierten sie die Stadt Jerusalem und ließen prächtige Bauten errichten. Sie verschafften der Bevölkerung angenehmere Lebensbedingungen. Es gab Arbeit genug und Geld zu verdienen. Der Lebensstandard stieg, und man war stolz auf seine Stadt Jerusalem. Tatsächlich wurde Jerusalem weltweit berühmt, besonders wegen seines herrlichen Tempels, den Herodes hatte umbauen lassen. Er überstrahlte alle Paläste, öffentlichen Anlagen und Monumente. Schon von weitem sah der Pilger den mit weißem Marmor umkleideten und mit Goldplatten geschmückten Tempel, der Gottes Herrlichkeit widerzuspiegeln schien (siehe S. 34).

Und dennoch schafften es die Herodianer nicht, das Herz der Juden zu gewinnen.

Der Hohepriester

Neben den Königen residierte auch der geistliche Führer der Juden, der Hohepriester, in Jerusalem. Sein Amt war einst das vornehmste im ganzen jüdischen Volk, und er selbst der angesehenste unter allen Juden. Seine Abstammung von makellosem Priesteradel mußte nachweisbar sein, und wollte er seinen Nachkommen das Amt sichern, durfte er nur eine untadelige Priestertochter heiraten. Denn ursprünglich wurde der Hohepriester nicht gewählt oder ernannt, sondern sein Amt war erblich.

In seiner Person waren das höchste geistliche und das höchste weltliche Amt der jüdischen Glaubensgemeinschaft vereint. Doch seine überragende Stellung verdankte der Hohepriester weniger den weltlichen als vielmehr seinen priesterlichen Funktionen. Er besaß nämlich eine „ewige", d. h. für seine Person unaufhebbare „Heiligkeit". Selbst wenn bereits ein Nachfolger seine Funktionen übernommen hatte, behielt er doch den Titel des „Hohenpriesters".

Er war der Bevollmächtigte Gottes. Und in dieser Funktion konnte nur er das Volk von aller Schuld freisprechen; nur er konnte es „entsühnen". Als einziger Mensch durfte er an einem Tag im Jahr, am Versöhnungstag, das Allerheiligste des Tempels betreten. Im weltlichen Bereich führte der Hohepriester im Hohen Rat, im Synedrium, der obersten Verwaltungs- und Justizbehörde den Vorsitz (siehe Seite 27).

Von seinen Funktionen her war der Hohepriester sozusagen ein königlicher Priester und ein priesterlicher König.

Die Herodianer sahen deswegen durch das hohepriesterliche Amt ihre Macht bedroht. Aus diesem Grunde hoben sie die hohepriesterliche Erbfolge auf, entfernten Hohepriester, die sich ihnen nicht beugten und ihnen gefährlich werden konnten, aus ihrem Amt und ernannten von ihnen abhängige und ihnen ergebene Männer zu Hohenpriestern, obwohl diese oft aus bedeutungslosen, einfachen Priesterfamilien stammten.

Zum politischen Spielball war das Amt herabgesunken, als Herodes der Große seinen siebzehnjährigen Schwager zum Hohenpriester ernannte oder als er einen rechtmäßigen Hohenpriester verstümmeln ließ, damit der auf gar keinen Fall in das Amt zurückkehren konnte. Er ließ ihm ein Ohr abschneiden.

Beim Volk aber stand die Institution des Hohenpriesters ungebrochen in hohem Ansehen; und das, obwohl die Träger des Amtes häufig wechselten und obwohl Männer zur Macht kamen, die nicht die Würde und die Gesinnung früherer Hoherpriester hatten.

[4]Matth. 2,2.

Aber das störte schließlich nicht mehr, denn nicht der Inhaber des Amtes selber, sondern seine Amtstracht war zum Symbol der jüdischen Religion geworden. Dieser außergewöhnlich prächtige Ornat[5] verlieh dem Träger seinen kultischen Amtscharakter und gab seinen Handlungen im Tempel die Gültigkeit, auch wenn der Hohepriester sonst ein unmoralisches Leben führte.

Die römischen Statthalter erkannten sehr bald, daß sie mit dem Ornat des Hohenpriesters ein Mittel in der Hand hatten, Aufstände und Unruhen im Keim zu ersticken. Deswegen holten sie diese Amtstracht in die Burg Antonia und gaben sie nur an Festtagen heraus. Erst nach jahrelangen Bittgesuchen der Juden ließ Kaiser Claudius im Jahre 45 n. Chr. den Ornat zurückgeben.

Die Hohenpriester zur Zeit des Neuen Testaments residierten wie hellenistische Fürsten in einem herrlichen Palast in Jerusalem und lebten wie ihre heidnische Umwelt. Zwar erfüllten sie peinlich genau alle kultischen Gesetze, wenn sie sich für die Entsühnungszeremonie vorbereiteten. Denn nichts fürchtete das Volk mehr, als daß der Hohepriester durch kultische Unreinheit den Sühnedienst für das Volk nicht vollziehen könnte. Als einmal ein Hoherpriester auf dem Weg zum Tempel in einer schmalen Gasse vom Speichel eines hustenden Heiden getroffen wurde, machte ihn das unfähig, sein Amt im Tempel auszuüben. Erst durch lange Reinigungsriten erlangte er seine Heiligkeit wieder.

Panische Angst hatte das Volk auch davor, daß durch falsches Verhalten eines Hohenpriesters ein ganzer Tempelgottesdienst ungültig werden könnte. In einem solchen Fall waren die Hohenpriester dem Zorn der ganzen Gemeinde ausgeliefert.

Der Hohe Rat

In Jerusalem tagte die oberste jüdische Behörde, der Hohe Rat, der griechisch „Synedrium" oder aramäisch „Sanhedrin" hieß.

Zwar besaßen alle jüdischen Städte oder Dörfer ein Synedrium als Ortsbehörde. Aber die Autorität des Jerusalemer Synedriums reichte weit über die Stadt hinaus. Diese Behörde ordnete sämtliche weltlichen und geistlichen Angelegenheiten der jüdischen Glaubensgemeinschaft in der ganzen damaligen Welt. Ihrer Entscheidung gehorchte man, ihrem Urteil beugte man sich, und ihre Verwaltungsdekrete waren Gesetz. Boten des Hohen Rates sorgten dafür, daß es hier zu keiner Nachlässigkeit in den Gemeinden kam. Einer von ihnen war jener Saul, der im Auftrag des Hohen Rates von Jerusalem nach Damaskus zog[6]. Und selbst im fernen Rom erwartete man vom Jerusalemer Synedrium Anweisungen und klärende Worte[7].

Die Römer hatten dem besiegten Volk die Selbstverwaltung gelassen und erlaubten der jüdischen Obrigkeit eine eigene Rechtspflege. Lediglich Todesurteile mußten durch den römischen Statthalter bestätigt werden, wie der Prozeß Jesu zeigt[8].

Den Vorsitz im Hohen Rat hatte der Hohepriester. Das Richterkollegium bestand aus siebzig Mitgliedern, die aus den drei Führungsschichten des jüdischen Volkes kamen: den Sippenältesten, den Priesterfamilien und den Schriftgelehrten, die mit dem mosaischen Gesetz vertraut waren. Denn das mosaische Gesetz war Grundlage und Maßstab aller Entscheidungen. Aus ihm entwickelte man – oft in komplizierten Ableitungen – die für die Gegenwart gültige Rechtsnorm.

Innerhalb des Synedriums hatten sich im Laufe seiner Geschichte Parteien gebildet, die untereinander total zerstritten waren. Die Priesterpartei, die „Sadduzäer", scharte sich um den vorsitzenden Hohenpriester und vertrat eine

[5]Vgl. 1. Mose 28,39. [6]Apg. 9,1ff. [7]Apg. 28,21. [8]Joh. 18,31.

Die alte türkische Zitadelle neben dem Jaffa-Tor.

Unter der Südost-Ecke des Tempelplateaus befinden sich mächtige unterirdische Gewölbe, die als „Ställe Salomos" bezeichnet werden.

weltzugewandte, hellenistische Haltung. Gegen sie richteten sich vor allem fromme Juden, die befürchteten, daß die hellenistischen Sitten der Priesteraristokratie und deren nichtjüdische griechische Kultur das Volk demVäterglauben entfremden würden. Diese Männer, denen die Gesetzestreue über alles ging, waren die „Pharisäer".

Während die Sadduzäer von dem Königshof des Herodes und der Priesterschaft begünstigt wurden, fanden die Pharisäer Unterstützung beim Volk und bei den Hasmonäern.

So standen sich Aristokraten und Volksvertreter, Weltoffenheit und Frömmigkeit, Kosmopolitismus und Nationalismus, Freizügigkeit und Engstirnigkeit im Sanhedrin, dem Hohen Rat, gegenüber.

Doch als es um die Verurteilung Jesu ging, wurden alle Differenzen unwichtig. Einstimmig fällten Hohepriester, Älteste und Schriftgelehrte das Urteil, das dann von dem jüdischen König und dem römischen Statthalter bestätigt wurde[9].

Die „Klagemauer"

Geht man vom Judenviertel die Chainstreet hinunter, kommt man an eine Treppe, die zu einem großen, freien Platz führt.

Doch ehe er die Treppe hinuntersteigt, sollte jeder Besucher das großartige Bild genießen, das sich ihm von hier aus bietet: Man sieht auf eine gewaltige Mauer, die aus Steinquadern mit zum Teil erstaunlichen Ausmaßen besteht; Quader, die manchmal über einen Meter hoch und mehr als fünf Meter lang sind.

Die Mauer war einmal vierzig Meter hoch. Das Fundament liegt tief unter dem gegenwärtigen Niveau. Wer durch den Torbogen auf der linken Seite der Mauer geht, gelangt in die sogenannte „Mauersynagoge". Dort kann man durch Ausgrabungsschächte zehn bis fünfzehn Meter tief auf das ursprüngliche Fundament der Mauer und auf eine alte Straße sehen, die direkt an der Mauer entlanglief. Der Schutt des zerstörten Jerusalem hat beides unter sich begraben.

Aber auch an den Überresten der Mauer, wie sie sich dem heutigen Besucher darbieten, läßt sich die Geschichte ablesen. Die unteren Quader wurden zur Zeit des Königs Herodes gelegt (siehe S. 34), was an dem für sie typischen geglätteten Rand zu erkennen ist. Den darüberliegenden Steinen fehlt dieser Rand. Sie stammen aus der Römerzeit nach der Zerstörung Jerusalems. Darauf schichteten die Araber im Mittelalter Steinblöcke. Als oberste Schicht mauerten die Engländer während ihrer Protektoratszeit schmale Ziegel auf. Sie sollten verhindern, daß Juden, die an der Klagemauer beteten, von der jordanischen Seite her beschossen wurden.

Die Mauer ist Teil eines Bauwerks, das den Tempelplatz abstützte, auf dem heute der Felsendom steht. Den älteren Teil der fast 1,4 Kilometer langen Stützmauer hatte Herodes (39–40 v. Chr.) errichten lassen. Denn um das Tempelplateau zu schaffen, hatte man viele Tonnen Erde mühsam aufschütten müssen. Acht Jahre brauchte man dafür. Schon Salomo hatte mit der Anlage dieses Platzes begonnen, unter Herodes wurde er um das Doppelte vergrößert; auf eine Fläche von 140000 Quadratmetern.

Bei dem damaligen Stand der Technik war eine derart riesige Aufschüttung und deren Befestigung durch Unterbauten und durch das Mauerwerk eine staunenswerte Meisterleistung. Die Bewunderung der Jünger Jesu ist also durchaus verständlich[10].

Doch zurück zur Gegenwart! Was sich dem Betrachter auf der Treppe noch

Seite 29: Die Klagemauer mit dem Felsendom.

[9]Luk. 23,1–2. [10]Mark. 13,1.

immer beeindruckend darbietet, ist ein kaum fünzig Meter langer Teil der Außenmauer, von der die Tempelanlage des Herodes einmal umgeben war. Dieser Mauerrest ist zum Symbol jüdischen Glaubens geworden. Als die Römer 135 n. Chr. den Juden das Betreten der römisch gewordenen Stadt bei Todesstrafe verboten, schlichen gläubige Juden heimlich an diese Mauer, um hier den Untergang Jerusalems zu beklagen. Seit dem Jahre 638 n. Chr. beten Juden aus aller Welt an ihrer „Klagemauer". Den Zugang zu ihr mußten sie sich im Laufe der Geschichte immer wieder schwer erkämpfen.

Der Beter glaubt, daß seine Worte durch die Fugen der Mauer unmittelbar zu Gott dringen. Viele schreiben deshalb ihre Bitten auf Zettel, die sie in die Fugen der Steine stecken. Ehrfürchtig küssen sie das Gemäuer. Sie weinen und klagen, sie beten und zeigen ihre Freude. Aus der ganzen Welt bekennen die Juden hier ihren Glauben und bitten darum, daß der von Gott versprochene Retter, der Messias, kommen möge, der für sie das Reich des Schalom, des Friedens, errichten wird.

Der Tempelplatz

Für den Besucher Jerusalems gehört es zu den unvergeßlichen Erlebnissen, auf dem Platz zu stehen, wo sich einst der Tempel erhob. Heute ist er der „Haram esh Sharif", das „Vornehmste Heiligtum" der Moslems. Denn dort, wo einmal der Tempel gestanden hat, wurde im Jahre 691 n. Chr. das älteste noch erhaltene mohammedanische Heiligtum, der Felsendom, eingeweiht. Außerdem bauten die Araber im Mittelalter im Südwest-Teil des großen Tempelplatzes die berühmte El-Aqsa-Moschee und auf dem gesamten Areal noch weitere kleinere Heiligtümer.

Umgeben von dem „Vorhof der Heiden" aber stand hier der jüdische Tempel auf einem riesigen Gelände von 140000 Quadratmetern.

Zur Zeit Jesu war der „Vorhof der Heiden" von schattenspendenden Säulenhallen umgeben. Die im Süden gelegene „Königliche Halle" war besonders prächtig. In der 32 Meter breiten Halle standen in vier Reihen 162 Säulen. Die Zedernholzdecke zierten Schnitzereien, und das Fußbodenpflaster bestand aus bunten Steinen. Augenzeugen beschreiben voller Bewunderung die Schönheit dieses Bauwerks.

Unter den Kolonnaden traf man sich. Hier lehrten die Rabbinen (vgl. S. 43), hier diskutierte man, hier berichteten jüdische Pilger aus der weltweiten Diaspora, aber hier saß man auch still und versunken im Schatten. In diesen Hallen setzte der zwölfjährige Jesus seine Zuhörer in Erstaunen[11], und in der „Halle Salomos" auf der Ostseite des Platzes hielt sich Jesus auch später häufig auf[12] und nach Pfingsten Petrus und Johannes[13]. Dort versammelten sich auch die ersten Christen[14].

Im Schatten der Säulenhallen bauten Händler und Geldwechsler ihre Stände und Tische auf[15]. Das ersparte dem Gläubigen, der im Tempel ein Opfer darbringen wollte, Weg und Mühe. Denn der Aufstieg zum Tempel war mühsam und beschwerlich, zumal wenn man noch ein Opfertier dabei hatte. Ob Jude oder Heide, jeder hatte Zutritt zu dem Tempelvorhof. Durch acht Tore, die zwölf Meter hoch waren, gelangte der Besucher dorthin.

Im Süden stieg er breite Treppen hinauf, durchschritt zwei besonders schöne, sehr breite Doppeltore und gelangte dann zur „Königlichen Halle".

Im Westen führten zwei Brücken über das „Käsemacher-Tal" (Tyropoion) zur Stadt. Ihre Ansatzbögen sind heute noch an der Klagemauer zu sehen. Nach ihren Entdeckern werden sie Wilson- bzw. Robinson-Bögen genannt.

Die Mauern des großen Tempelplatzes waren mit Zinnen versehen. Aus

[11]Luk. 2,41ff. [12]Joh. 10,23. [13]Apg. 3,11. [14]Apg. 5,12. [15]Matth. 21,13.

dem friedlichen Platz wurde in Kriegszeiten eine wehrhafte Festung. Neun Türme verstärkten das Mauerwerk. Im Norden hatte Herodes noch zusätzlich eine den Tempelplatz überragende Festung erbaut, die Burg Antonia (siehe S. 24). Sie war zur Zeit Jesu Sitz der römischen Besatzungstruppe.

Während des jüdischen Aufstandes in den Jahren 67–70 n. Chr. hat sich die Stärke dieses als Festung benutzten Tempelplatzes erwiesen. Auf dem Triumphbogen in Rom, der zu Ehren des römischen Feldherrn und späteren Kaisers Titus errichtet wurde, unter dessen Führung der Aufstand niedergeschlagen worden war, heißt es: „Er (Titus) zerstörte Jerusalem, das vor ihm andere Feldherren, Könige oder Völker entweder vergeblich angriffen oder niemals anzugreifen versucht hatten."

Der Tempelbezirk

Wo heute der prächtige Felsendom steht, befand sich zur Zeit Jesu der innere Tempelbezirk. Er lag auf einer Terrasse, zu der eine mächtige Freitreppe führte. Vierzehn Stufen mußte man hochsteigen, aber nicht jedem war der Zutritt erlaubt. Vor der Freitreppe markierte ein niedriges Mäuerchen (die sog. „Soreg") die Grenze. Die dreizehn Durchlässe durften nur Juden passieren. Heiden aber war es bei Androhung der Todesstrafe verboten. Zwei von diesen Verbotstafeln mit griechischer und lateinischer Schrift hat man bei Ausgrabungsarbeiten gefunden.

Diese Anordnung wurde ernstgenommen. Die ganze Stadt Jerusalem geriet in Aufruhr, als man den Apostel Paulus bezichtigte, er habe einen unbeschnittenen griechischen Heiden in den Tempel mitgenommen, dem doch der Zutritt in den inneren Tempelbereich streng verboten war[16].

Eine hohe Mauer verhinderte den Blick in das Innere des Tempelbezirks. Ihn konnte man durch neun Tore betreten. Der schönste Torbogen lag im Osten. Diese „Schöne Pforte"[17], auch das „Nikanor-Tor" genannt, besaß zwei Flügel, die aus Kupfer gegossen waren. Der reiche ägyptische Jude Nikanor hatte das fünfzehn Meter hohe und fünfzehn Meter breite Kunstwerk gestiftet. Zwanzig Leviten waren nötig, um die beiden Flügel an jedem Morgen zu öffnen und abends wieder zu schließen (vgl. S. 36). Bis nach Jericho soll das Knarren dieser schweren Türflügel zu hören gewesen sein.

Hatte man die „Schöne Pforte" durchschritten, kam man in den „Frauenhof". Auch er war von Säulenhallen umschlossen. In den vier Ecken grenzten Mauern kleinere Höfe ab, von denen der eine aussätzigen Besuchern offenstand, während der andere für die „Nasiräer" bestimmt war. Das waren Menschen, die das Gelübde abgelegt hatten, für eine bestimmte Zeit ihr Leben vollständig Gott zu weihen. Beide Gruppen boten einen oft ekelerregenden Anblick; die Aussätzigen, weil sie von ihrer Krankheit gezeichnet waren, die Nasiräer, weil sie Kleidung, Frisur und Hygiene vernachlässigten, um sich ganz auf die Erfüllung ihres Gelübdes konzentrieren zu können. In den beiden anderen Seitenhöfen lagerte man Holz und Öl für den Tempeldienst.

In den Säulenhallen des Frauenhofes standen dreizehn Opferstöcke. Unter der Aufsicht von Priestern brachten hier die Besucher ihre Geldopfer, und hier hatte Jesus den Opfernden zugesehen[18].

Über eine halbkreisförmige Treppe gelangten dann die Männer (und die mehr als zwölfjährigen Knaben) in den höhergelegenen „Männerhof". Frauen und Kinder mußten zurückbleiben. Sie konnten den Opferdienst jedoch von ferne miterleben und die Tribüne sehen, auf der Chor und Orchester den Tempeldienst begleiteten.

Die Männer brachten die Opfer zu den amtierenden Priestern. Von ihnen

[16]Apg. 21,29. [17]Apg. 3,2. [18]Mark. 12,41.

Seite 32/33: Wo zur Zeit Jesu der Tempel stand, erhebt sich heute der mächtige Felsendom.

wurden die Tiere am Fuß des sieben Meter hohen Altars geschlachtet, zu dem man über eine fünfzehn Meter lange Rampe gelangte. Auf der quadratischen Plattform des Altars – er hatte eine Seitenlänge von fünf Metern – brannte ein Feuer.

Neben dem Altar stand das „Eherne Becken". Das war ein riesiger Kessel mit einem Fassungsvermögen von 730 Hektolitern. Getragen wurde er von vier Gruppen mit jeweils drei aus Erz gegossenen Stieren.

In den Boden eingelassene Ringe dienten zum Festbinden der Tiere. Ihre Innereien wurden auf den danebenstehenden Tischen sorgfältig auf ihre Güte untersucht; denn nur das Beste durfte Jahwe geopfert werden.

Ein technisch vollendet ausgeklügeltes Kanalisationssystem mit Senklöchern und unterirdischen Abflußkanälen nahm das Blut der zu Hunderten geschlachteten Opfertiere sowie das Spülwasser auf, so daß der Platz saubergehalten werden konnte.

Rings um den „Männerhof", an der hohen Mauer oder am Tempelgebäude selbst waren in Anbauten die Priesterkammern, Arbeits- und Amtsräume sowie die Schatzkammern untergebracht. Die Schatzkammern enthielten neben dem Tempelgeld unzählige kostbare Gegenstände, die Gläubige gestiftet hatten oder die aus Kriegszügen stammten.

Von dem Tempelgeld wurden die anfallenden Kosten für den Tempeldienst mit seinen mehr als 17 000 Bediensteten und den vielen zusätzlichen Arbeitern bestritten; ebenso die Kosten für Arbeiten an Mauern, Türmen, Wasserkanälen und allem, was notwendig war, um die Sauberkeit und Ordnung Jerusalems aufrechtzuerhalten.

Jeder Jude, der das zwanzigste Lebensjahr vollendet hatte, mußte für diesen Tempelschatz eine Tempelsteuer zahlen. Sie betrug jährlich zwei Schekel; ein Betrag, der einem doppelten Tagesverdienst entsprach. Bei einer geschätzten Zahl von vier Millionen Juden (ein Drittel davon lebte in Palästina) ergab sich eine ansehnliche Summe.

Außer diesen Geldern deponierten im Tempel auch reiche Privatleute ihr Geld, weil sie ihr Vermögen unter der Aufsicht priesterlicher Beamter sicherer aufbewahrt wußten als bei sich zu Hause. Die priesterlichen Verwalter arbeiteten dann – den heutigen Banken vergleichbar – mit diesem Geld.

Oft verleitete der märchenhafte Reichtum des Tempels fremde Machthaber zur Plünderung. Bei der Zerstörung des Tempels im Jahr 70 n. Chr. gingen unschätzbare Werte in den Flammen unter.

Die El Aqsa Moschee wurde im 8. Jh. erbaut, aber mehrmals durch Erdbeben zerstört. Ihre silberne Kuppel ist weithin sichtbar.

Das Tempelgebäude

Um das Jahr 20 v. Chr. begann man unter König Herodes damit, das alte Tempelgebäude umzubauen und auszubessern. Einmal war es in der Vergangenheit bei zahlreichen kriegerischen Auseinandersetzungen beschädigt worden. Außerdem wirkte es in der aufblühenden Stadt Jerusalem mit ihren prächtigen Palästen und aufwendigen öffentlichen Bauten allzu bescheiden. Nicht zuletzt hoffte Herodes, durch den Umbau des Tempels die Gunst der Juden zu gewinnen (vgl. S. 25), wollte er doch ihr Heiligtum zu einem Kunstwerk umgestalten lassen, das man in der ganzen Welt rühmen würde.

Der alte Tempel war nach dem Jahre 538 v. Chr. – also nach der Heimkehr aus der Babylonischen Gefangenschaft – gebaut worden. Aus den Trümmern hatte man ihn nach dem Vorbild des Salomonischen Tempels neu errichtet und im Jahre 515 v. Chr. eingeweiht. Dieser Tempel war 35 Meter lang, 10 Meter breit und 15 Meter hoch.

Herodes konnte den alten Tempel nicht einfach abreißen lassen. Das hätte unabsehbare Folgen gehabt und bestimmt zu einem Aufstand der Juden geführt. Sie nämlich hätten dann geglaubt, daß ihr Heiligtum von dem Heiden

Herodes zerstört würde. Deswegen blieb der alte Tempel als Kern bestehen, und man umgab ihn lediglich mit monumentalen Neubauten.

Herodes ging plan-, aber auch durchaus taktvoll an das Werk. Ein Heer von Bauleuten und Handwerkern wurde angeworben, tausend Wagen für den Transport des Materials zusammengestellt. Tausend Leviten (vgl. S. 36) ließ Herodes als Steinmetze ausbilden, damit das religiöse Empfinden des Volkes nicht verletzt werden sollte, wenn am Heiligtum und am Allerheiligsten des Gebäudes gearbeitet wurde, die ja von gewöhnlichen Menschen nicht betreten werden durften.

Gigantisch wirkte nach dem Umbau die Vorderansicht des Gebäudes. 50 Meter hoch und 50 Meter breit, aber nur 5 Meter tief war jetzt die ehemals nur 15 Meter hohe Vorhalle. Das sich anschließende „Heilige" war auf 20 Meter erhöht worden, behielt aber seine Länge von 20 Metern und seine Breite von 10 Metern bei. Unverändert blieb auch das „Allerheiligste" in seiner kubischen Form mit jeweils 10 Metern in Länge, Breite und Höhe.

Schon der Salomonische und der nach dem Exil gebaute Tempel waren „orientiert", d. h. die Achse lag in Ost-West-Richtung. Das offene Tor der Vorhalle im Osten ließ die Strahlen der aufgehenden Sonne eindringen und gab den Blick auf die kleinere Tür des „Heiligen" und den Vorhang des „Allerheiligsten" frei. Über dem Tor des kolossal wirkenden Vorbaus rankte ein aus Gold gefertigter Weinstock voller goldener Trauben. Reiche Juden stifte-

Modell des Tempels, wie er zur Zeit Jesu aussah.

ten neue Beeren oder ganze Trauben aus dem edlen Metall. Bei diesem Gold schwur man die heiligsten Schwüre[19]. Sogar das Dach war mit Goldplatten abgedeckt und mit kleinen Goldstäben geschmückt, die wie Strahlen in den Himmel ragten. Sie dienten allerdings hauptsächlich dem Zweck, daß die vielen Tauben das Dach des Tempels nicht beschmutzten.

Der ganze Bau war aus weißen Steinen errichtet. Dem nach Jerusalem kommenden Fremden, so berichtet der zeitgenössische Geschichtsschreiber Flavius Josephus, erschien der Tempel wie eine schneebedeckte Bergkuppe, vor der man in der Sonne geblendet die Augen schließen mußte.

Im Tempel befanden sich hinter der Eingangshalle zwei Räume: das „Heilige“ und das „Allerheiligste“. Das „Heilige“ enthielt Kultgegenstände wie den Räucheraltar, den siebenarmigen Leuchter (die Menorah) und den Schaubrottisch, dessen zwölf Brote an jedem Sabbat erneuert wurden. Dieses „Heilige“ war prächtig ausgeschmückt. Durch eine schmale Fensterleiste an der Decke fiel Licht in den Raum.

Von der Stirnseite des „Heiligen“ führte eine Treppe in das „Allerheiligste“, das nur der Hohepriester einmal im Jahr am Versöhnungsfest betreten durfte. Im Salomonischen Tempel stand hier die Bundeslade mit den Gesetzestafeln. Jetzt lag an diesem Platz eine Steinplatte; sonst war das „Allerheiligste“ leer und dunkel. Ein Vorhang, der jedes Jahr erneuert wurde, verbarg die Zugangstür.

Über achtzig Jahre, bis zum Jahre 64 n. Chr., arbeitete man am Tempel. Aber schon 70 n. Chr. sank der eindrucksvolle, großartige, prachtvolle Bau in Trümmer.

Doch eine Stelle ist geblieben, die von den römischen Soldaten nicht beseitigt werden konnte. Gemeint ist der mächtige Fels, der den Mittelpunkt des heutigen Felsendoms bildet. Ehrfurchtsvoll betrachten wir an ihm die Spuren der Steinmetze aus alter Zeit und sehen den Spalt, der in ihn hineinführt. Viele Legenden sind um diesen Fels entstanden. Manche vermuten hier den Ort, wo Abraham in Gottes Auftrag seinen Sohn Isaak opfern sollte[20], und von hier aus soll Mohammed mit seinem Lieblingsroß Burak in den Himmel geritten sein. Uns erinnert dieser Fels jedoch vor allem an den Tempel, in dem die Gegenwart Jahwes bezeugt wurde, in dem man zu Jahwe betete und ihn verehrte und in dem Jesus sein Evangelium predigte und die Apostel das neue Leben in Christus verkündeten.

Priester, Leviten und Laien

Wer zum Opfern oder zum Gebet in den Tempel nach Jerusalem kam, der ging notwendig auch zum *Priester*. Ohne den Dienst des Priesters hätte es keine Hinwendung zu Jahwe gegeben; denn der Priester stand als Mittler zwischen dem Gläubigen und Gott. Die Opfer legte man in seine Hände, weil nur er Gott das Opfer darbringen konnte. Aus seinen Händen empfing man dann auch einen Teil der geweihten Gabe, und der Segensspruch des Priesters war Ausdruck der Zusage Gottes.

„Priester“ war keine Berufsbezeichnung im heutigen Sinne. Niemand konnte – etwa durch ein Studium – Priester werden. Die Priesterschaft war eine aristokratische Stammesgemeinschaft innerhalb des jüdischen Volkes, in die niemand aufgenommen, aus der aber auch niemand ausgestoßen werden konnte. Die priesterliche Würde war angeboren, und kein Priester konnte sie jemals verlieren. Priester wurde man also nicht durch eine persönliche Entscheidung, nicht durch irgendeinen behördlichen Beschluß, sondern allein durch seine Zugehörigkeit zu einem bestimmten Stamm.

Die erste priesterliche Familie stammte von Aaron ab, dem Bruder des

[19]Matth. 23,16. [20]1. Mose 22.

Mose. Im Alten Testament werden dann mitunter mehr als zwanzig Priesterstämme genannt, so z. B. in 1. Chronik 24 ff., wo von vierundzwanzig Priesterstämmen die Rede ist.

Zur Zeit Jesu hatte von diesen vierundzwanzig Priesterstämmen jeweils ein Stamm zweimal im Jahr für eine Woche den Tempeldienst. An den drei großen Wallfahrtsfesten des jüdischen Volkes, dem Passahfest, dem Ernte- oder Wochenfest und dem Laubhüttenfest (siehe S. 45), kamen zusätzlich Priester zum Tempel, um die Diensthabenden bei dem großen Andrang der Gläubigen zu unterstützen.

Während der dienstfreien Zeit lebten die Priester mit ihren Familien irgendwo in Judäa oder Galiläa. Eine große, bedeutende Priestersiedlung befand sich in Jericho. Jesus konnte bei seinem Gleichnis vom barmherzigen Samariter[21] davon ausgehen, daß seine Zuhörer diese Siedlung kannten. Zu jedem Priesterstamm gehörten vier bis neun Priestergeschlechter, die an jeweils bestimmten Tagen der Dienstwoche amtierten.

In jeder Einheit war ein Priester verantwortlich dafür, daß die anfallenden

[21]Luk. 10,25 ff.

Ein orthodoxer Jude.

Dienste korrekt ausgeführt wurden. Etwa dreihundert Priester gehörten zu einer Wochenabteilung, etwa fünfzig zu einer Tagesabteilung. Insgesamt gab es zur Zeit Jesu etwa 7200 amtierende Priester, deren Lebensunterhalt aus Mitteln des Tempelschatzes bestritten wurde. Außerdem mußten noch alte und kranke Priester mit ihren Familienangehörigen, also Frauen, Kindern, Witwen und unverheirateten Frauen, versorgt werden.

Allein von diesen Einkünften aber hätten die Priesterfamilien nicht leben können. Deswegen arbeiteten die Priester während der dienstfreien Zeit zu Hause in anderen Berufen. Sie betrieben Handel oder waren Handwerker. Dabei mußten sie allerdings darauf achten, daß sie nichts taten, wodurch sie sich kultisch verunreinigt hätten. So durften sie z. B. nicht als Bauern arbeiten. Auch vor der Berührung mit Toten mußten sie sich hüten. Sie durften nur bei der Beerdigung des Vaters oder der Mutter dabei sein. Aber schon die Erde eines Friedhofs verunreinigte sie kultisch.

Noch heute haben streng orthodoxe Juden diese Vorstellung. Auf der Straße in das Kidrontal findet der Besucher blau emaillierte Schilder. Auf ihnen werden in hebräischer Sprache alle Juden, die priesterlicher Abstammung sind, davor gewarnt weiterzugehen. Sie werden auf einen Umweg hingewiesen. Denn weil die Straße über Gräberfelder führt, würden sie sich als Abkömmlinge von Priestern kultisch verunreinigen.

Viele Priester waren auch Schriftgelehrte, die aus der Bibel Anweisungen, Rechtsprechungen und geistliche Auslegungen weitergaben. In den Synagogen (siehe S. 40) ihrer Heimatorte hatten sie eine herausragende Stellung; nur sie durften z. B. dort den Segen sprechen.

Bei ihrer Arbeit im Tempel wurden die Priester von den *Leviten* unterstützt, die im Rang unter ihnen standen. Sie durften keine Opfer darbringen, und ihnen war – wie jedem Laien – verboten, das Heiligtum im Tempelgebäude zu betreten und sich dem Altar zu nähern.

Doch obwohl die Leviten nur Hilfsfunktionen ausübten, waren sie für den priesterlichen Dienst unentbehrlich. Sie bewachten die Plätze, hüteten die Tore und sorgten für den reibungslosen Ablauf des Tempeldienstes und aller übrigen Veranstaltungen im Tempel. In Gethsemane (siehe S. 73) waren es Leviten, die als eine Art Tempelpolizei Jesus festnahmen, aber aus Leviten bestanden auch Chor und Orchester des Tempels. Unter den Leviten waren diese Sänger und Musiker die angesehensten, und nur ihnen war es erlaubt, weiße priesterliche Gewänder zu tragen. Leviten, die lesen und schreiben konnten, führten die Tempelchroniken. Sie kannten die heiligen Schriften und galten als Schriftgelehrte. Barnabas, der christliche Missionar[22], entstammte einer levitischen Familie.

Wegen ihrer hohen Bildung übernahmen die Leviten in gottesdienstlichen Feiern außerhalb des Tempels, in den Synagogen und bei Lehrveranstaltungen, wichtige Aufgaben.

Organisatorisch waren auch die Leviten in vierundzwanzig Wochenabteilungen mit je sieben Tagesabteilungen gegliedert, die jeweils einem Aufseher unterstanden. Von den insgesamt etwa 9600 Leviten unterstützten jeweils vierhundert die dreihundert Priester einer Wochenabteilung im Tempel. Auch Levit wurde man durch seine Zugehörigkeit zu einer bestimmten Familie. Auch die Leviten arbeiteten in ihrer dienstfreien Zeit in anderen Berufen, um ihre Familien zu ernähren. Aber sie hatten nicht das hohe Ansehen der Priester. Oft litten sie wirtschaftliche Not, weil sie von den Priestern bei Zuteilungen von Geld und Naturalien benachteiligt wurden (siehe S. 40).

Um den Gottesdienst im Tempel durchzuführen, waren also viele Menschen nötig. Während der Wochentage waren es etwa neunhundert Priester und Leviten, und an hohen Festtagen noch sehr viel mehr.

[22]Apg. 4,36.

Als Zeugen wohnten dem Opferritual *Laien* bei, sogenannte „Standmänner". Sie kamen aus den entferntesten Gegenden und vertraten die Gläubigen, die nicht selbst nach Jerusalem reisen konnten. Diese gewählten Vertreter kehrten nach einer Woche zurück und berichteten zu Hause, was sie gesehen hatten.

Die gesamte Judenschaft der damaligen Welt war in vierundzwanzig Bezirke aufgeteilt und den vierundzwanzig Abteilungen der Priester und Leviten zugeordnet. So konnten sich nicht nur die unmittelbar in Jerusalem lebenden, sondern auch die in großer Entfernung wohnenden Juden am Gottesdienst im Tempel beteiligen. Der Pfingstbericht[23] zählt Vertreter aus den verschiedensten Teilen der damaligen Welt auf, die zum Gottesdienst nach Jerusalem gekommen waren, um Jahwe zu ehren und ihm ihre Opfer zu bringen, damit das Volk „entsühnt" würde.

Der Tempelgottesdienst

Früh am Morgen, noch ehe die Sonne aufging, öffneten Wächter-Leviten die Tore aller Tempelhöfe. Dann bereiteten sich die diensthabenden Priester durch vorgeschriebene Tauchbäder auf ihren Dienst vor. Sie zogen weiße Kleider an und legten ihren Schmuck um. Die Abteilungen formierten sich und wurden von ihren Führern überprüft. Durch einen Losentscheid bekam jeder Priester seine jeweilige Arbeit zugewiesen. Auch bei den Leviten entschied das Los über die Aufgabenverteilung.

Die ganze Zeremonie wurde von den Besuchern des Tempels im Vorhof beobachtet, die diese Zeit als Gebetszeit nutzten[24].

Höhepunkt des täglichen regelmäßigen Gemeinschaftskultes waren das Morgen- und das Abendopfer. Außer im Tempel von Jerusalem konnte nach der Vorstellung des jüdischen Volkes nirgendwo auf der ganzen Welt Gott geopfert werden.

Eingeleitet wurden diese beiden Opfer durch den Räucherdienst im Tempelgebäude. Fünf Priester betraten das Heiligtum des Tempels. Sie reinigten den siebenarmigen Leuchter und ordneten die zwölf Schaubrote auf dem goldenen Tisch[25]. Anschließend verließen alle Priester das Heiligtum außer einem, den das Los dazu bestimmt hatte, das Räucheropfer darzubringen. Nur ein einziges Mal in seinem Leben übte ein Priester dieses hohe Amt aus. Deshalb kann man verstehen, wie sehr Zacharias, der Vater von Johannes dem Täufer, enttäuscht sein mußte, als er bei diesem Dienst versagte. Er wußte, daß er diesen Höhepunkt seines Lebens niemals würde wiederholen können[26].

Die aus dem Heiligtum kommenden Priester sprachen dann über das wartende Volk den aaronitischen Segen[27].

Diesem „inneren Kult" im Heiligtum folgte der „äußere Kult" am großen Brandopferaltar. Ein einjähriges, absolut makelloses Lamm hatten Priester inzwischen geschlachtet und in sechs Teile zerlegt, die von sechs Priestern an den Altar gebracht wurden. Drei andere Priester brachten Speise- und Trankopfer. Die Fleischstücke und das Speiseopfer wurden auf dem Hochaltar verbrannt, das Trankopfer am Fuß des Altars ausgegossen. Die einzelnen Opferzeremonien mußten peinlich genau eingehalten werden; denn nur ein exakter Vollzug des Opferrituals führte zur erhofften Sühne für die Sünden des Volkes.

„Tamid", „ewiges Opfer", hieß dieses tägliche Opfer, weil es niemals aufhören sollte. Die Juden waren davon überzeugt, daß ihnen die Liebe und Zuwendung Gottes erhalten bleibt, solange sie dieses Opfer gewissenhaft und jeden Tag aufs neue darbringen.

[23]Apg. 2. [24]Luk. 1,8ff. [25]Vgl. 2. Mose 25,30. [26]Luk. 1,22f. [27]4. Mose 6,24ff.

Die Menorah, der siebenarmige Leuchter, stand im Heiligtum des Tempels. Sie ist zum Symbol des jüdischen Glaubens geworden. Hier eine Nachbildung vor dem israelischen Parlament.

Begleitet wurden das Morgen- und das Abendopfer vom Gesang und der Musik der Leviten. Im Wechsel zwischen Vorsänger, Chor und gläubiger Gemeinde erklangen die Psalmen. Priester gaben mit ihren Trompeten die Signale, nach denen sich das Volk andächtig auf die Erde niederwarf. Am späten Nachmittag wiederholte sich dann dasselbe Zeremoniell[28].

Während des Tages hatte jeder Gelegenheit, seine privaten Opfer darzubringen, allerdings nur mit Hilfe der Priester. Für solche Opfer gab es viele Anlässe: die Geburt eines Kindes etwa [29] oder die Sühne für zahllose, genau beschriebene Gesetzesübertretungen, die Suche nach „Reinheit"[30] oder das Einlösen eines Gelübdes.

Unzählige Menschen aus aller Welt strömten zum Tempel und brachten Tieropfer, Speiseopfer, Früchteopfer und Trankopfer dar. Für sie setzten die Priester den Wert eines Geldopfers fest, nannten die möglichen Opfertiere, empfahlen Wein-, Früchte- und Speisemengen und wiesen schließlich den Gläubigen auf den großen Tempelplatz, wo er seine Opfer kaufen und sein Geld umtauschen konnte (siehe S. 56). Als Opfergeld durften nämlich nur Münzen verwendet werden, auf die kein Bild eines Menschen geprägt war[31]. Über Umfang und Häufigkeit der Privatopfer finden wir in 3. Mose 11–15 Hinweise.

Die Priester bestimmten, ob man ein Ganzopfer zu bringen hatte, das verbrannt wurde, oder ein Schuldopfer, das der Priesterschaft zufiel. Daneben gab es noch das sog. „Mahlopfer". Hiervon wurde nur das Fett verbrannt, eine sog. „Hebe" erhielten die beteiligten Priester, und der Rest wurde von den Gläubigen verzehrt, die das Opfer brachten. Die Felle sämtlicher Opfertiere gehörten der priesterlichen Tagesabteilung. Von diesen Einkünften, also der „Hebe" und den Fellen, sollten die Priester den Leviten abgeben. Doch hier kam es immer wieder zu Unstimmigkeiten. Die Leviten fühlten sich benachteiligt.

Besonders große Opfer gab es am Sabbat und an den hohen jüdischen Festtagen. So gehörten bei einem Passahfest zum öffentlichen Gemeinschaftsopfer täglich zwei Stiere, ein Widder, sieben Lämmer als Brandopfer sowie ein Bock als Sühne- oder Schuldopfer. Der schon erwähnte Josephus berichtet, daß Tausende Passahlämmer als private Mahlopfer geschlachtet wurden.

Als der Tempel im Jahre 70 n. Chr. in Flammen aufging und die Römer ihn nach dem zweiten Aufstand im Jahre 132 n. Chr. vollends dem Erdboden gleichmachten, da schien den gläubigen Juden das Ende der Welt angebrochen zu sein. Durch „die greuliche Verwüstung"[32] war es für sie unmöglich geworden, Gott durch das tägliche Opfer zu versöhnen. Doch an die Stelle des Opferrituals im Tempel trat nun etwas anderes: Das buchstabengetreue, peinlich genaue Einhalten des Moralgesetzes wurde nun zum Regulativ in der Beziehung des jüdischen Volkes zu Gott und die Synagoge zum Inbegriff des Judentums.

Die Synagoge

Zur Zeit Jesu gab es in Jerusalem viele Synagogen. In der Apostelgeschichte (6,9) werden fünf genannt, aber tatsächlich sind es sicherlich sehr viel mehr gewesen.

„Synagoge" kommt aus dem Griechischen und bedeutet „Versammlung" Noch heute benutzen die Juden dieses Wort, um ihre gottesdienstlichen Zusammenkünfte zu bezeichnen. Sie hatten wohl in der Babylonischen Gefangenschaft (ca. 597–538 v. Chr.) damit begonnen, sich regelmäßig zu versammeln, als sie Jahwe nicht mehr in einem Tempelgottesdienst ehren und um seinen Segen flehen konnten. Deshalb kamen die Gläubigen überall in der

[28]Apg. 3,1. [29]Luk. 2,22. [30]Matth. 8,4. [31]Vgl. Mark. 11,15ff. [32]Matth. 24,15.

Diaspora morgens und abends zusammen und beteten während der Zeit, in der früher im Tempel von Jerusalem die Opfer dargebracht worden waren.

Auch nachdem man den Tempel wiederaufgebaut hatte und die Opfergottesdienste wie gewohnt durchführte, blieb die Institution der Synagoge bestehen. Überall, wo Juden wohnten, hatte sie sich so gefestigt, daß sie zum eigentlichen Wahrzeichen jüdischen Glaubens wurde. Aber die Synagoge hatte insofern zu einer veränderten Gottesanschauung geführt, als sie ein neues Verhältnis des einzelnen zu Jahwe ermöglichte und eine neue Gottesdienstform schuf. In der Synagoge begegnete man nicht mehr dem fernen Gott, dem man sich nur mit Furcht und Angst nähern durfte, dem man blutige Opfer bringen mußte und den man niemals unmittelbar, sondern immer nur mit Hilfe eines Priesters erreichen konnte.

Jetzt war vielmehr ein persönliches Verhältnis zu einem Gott möglich, dem der Gehorsam seinen Gesetzen gegenüber mehr galt als Opfer, dessen Weisungen (Thora) gehört, gelernt und dann befolgt werden mußten, dessen Tun und Handeln in der Geschichte für jeden erkennbar war und zu dem sich jeder öffentlich bekennen konnte.

In der Synagoge war und ist die gesamte Gemeinde aktiv beteiligt. Mindestens zehn jüdische Männer sind notwendig, um eine Synagoge entstehen zu lassen. Man begründet diese Vorschrift durch 1. Mose 18,32, wonach Gott Sodom verschont hätte, wenn wenigstens zehn fromme Männer in der Stadt gewesen wären. Ein Rat von Ältesten führt die Synagoge und verteilt die verschiedenen Gemeindeämter. Geleitet wird der Gottesdienst von einem

Gottesdienst in einer Synagoge in Jerusalem.

Seite 42/43: Im Kidrontal.

Vorsteher[33], während ein Synagogendiener über Zucht und Ordnung wacht. Er unterrichtet auch im Lesen und Schreiben der damals schon nicht mehr gebräuchlichen hebräischen Sprache. Armenpfleger verwalten die Almosen.

Weil sich die Versammlung immer bemüht, möglichst schnell ein Gebäude für ihre Zusammenkünfte zu errichten, kam es bald dazu, daß man ihren Namen, also „Synagoge", auf das Gebäude übertrug. Dieses Synagogengebäude besteht vor allem aus einem geräumigen Saal. Unerläßlich gehört ein Brunnen oder ein Baderaum (Miqwe) dazu, in dem vor dem Beten Waschungen durchgeführt werden können; denn der Gläubige muß rein vor Gott treten. In dem Saal sind Bänke aufgestellt, außerdem gibt es Pulte und Tische, auf denen die Bibelrollen liegen können.

Diese Rollen werden in einem Schrein aufbewahrt, der reich verziert ist. Beschädigte oder unbrauchbare Rollen müssen wie menschliche Leichname begraben und der Erde übergeben werden. Die Rollen sind mit einem herrlich bestickten Mantel umkleidet; oftmals tragen sie eine Krone oder eine Kugel als Abschluß. Ehrfurchtsvoll nimmt man die Rolle zur Lesung aus dem Schrein und trägt sie durch den Saal, während man sie voller Verehrung berührt und küßt. Liegt sie dann aufgerollt auf dem Pult, fährt der Vorleser mit einem Stäbchen die Zeilen entlang; sorgsam bedacht, das heilige Wort nicht mit dem Finger zu berühren.

Ein Vorbeter eröffnet schließlich mit einem Gebet die Versammlung. Es folgt die Lesung eines vorgegebenen Abschnitts aus den fünf Büchern Mose. Diese Abschnitte sind so eingeteilt, daß innerhalb von drei Jahren alle Bücher vorgelesen werden. Zur Lesung ruft der Synagogendiener Männer aus der Gemeinde auf, die es als eine besondere Auszeichnung empfinden, aus dem heiligen Wort vorlesen zu dürfen. Im Anschluß daran wird aus den Propheten vorgelesen. Diesen Text wählt der aus, der ihn auch auslegt und die anschließende Diskussion leitet[34].

In diesem Teil des Synagogengottesdienstes geht es häufig sehr laut zu; denn die Männer beteiligen sich lebhaft an der Diskussion, in der sie versuchen, das

[33]Vgl. Mark. 5,22. [34]Vgl. Luk. 4,16ff.

Wort der Heiligen Schrift zu verstehen und das Gesetz Gottes lebensnah auszulegen. Frauen nehmen am Gottesdienst zwar teil, aber sie sitzen hinter Vorhängen, feinen Gittern oder auf Emporen, weil sie den auf Gott gerichteten Sinn der Männer nicht ablenken sollen.

Doch nicht nur zu gottesdienstlichen Feiern besucht der gesetzestreue Jude seine Synagoge. Sie ist auch offen für das stille Studium der heiligen Schriften, für Lehrgespräche zu zweit oder dritt, ist ebenso Begegnungsplatz für Glaubensgenossen und Gleichgesinnte wie der Ort, an dem neue Erkenntnisse gepredigt wurden[35].

So fanden sich in Jerusalem wie an anderen Orten der damaligen Welt immer wieder neue Gruppen zusammen, die eine eigene Synagoge eröffneten, weil sie entweder einem bestimmten Rabbi in seiner Auslegung folgten, weil sie ein gemeinsames Heimatland hatten und sich durch Sprache, Sitte sowie verwandtschaftliche Beziehungen verbunden fühlten oder weil sie sich in einer großen Synagoge nicht mehr wohlfühlten und lieber im kleineren Kreis zusammenkamen.

Die ersten Christen und die Apostel verkündeten das Evangelium zuerst in den Synagogen, weil sie hier Zuhörer vorfanden, denen die heiligen Schriften bekannt waren und von denen sie deshalb Verständnis für das Evangelium erwarten durften. Wenn es zum Bruch kam, folgten ihnen jüdische Männer und gründeten eine neue Versammlung, die nun nicht mehr Synagoge, sondern Gemeinde Jesu Christi war.

Die Synagoge aber rettete und festigte das Judentum, als es nach der Zerstörung des Tempels in Jerusalem kein zentrales Heiligtum mehr besaß.

Die Rabbinen

Zum Tempel gehörten Priester und Leviten, zur Synagoge die Rabbinen, die wir auch als „Schriftgelehrte" kennen. Sie alle hatten die heiligen Schriften in-

[35]Vgl. Apg. 13,15.

tensiv studiert, waren also auf diesem Gebiet hochqualifizierte Gelehrte. Dieses intensive Studium der heiligen Schriften war notwendig geworden, weil die hebräische Sprache, in der sie verfaßt waren, vom Volk zum Teil nicht mehr verstanden wurde. Als Volkssprache hatte nämlich das Aramäische die hebräische Sprache verdrängt. Außerdem suchten die Gläubigen nach Antworten auf ihre aktuellen Fragen und Probleme. Zwischen den Zeiten, in denen die heiligen Schriften abgefaßt worden waren, und ihrer Gegenwart aber lagen Hunderte von Jahren. D. h., die Schriften mußten ausgelegt, erklärt, gedeutet und erläutert werden. Das wiederum setzte ein intensives Studium voraus.

Vor seinem Studium mußte jeder Rabbi ein Handwerk erlernen. So war Paulus bei einem Zeltmacher in die Lehre gegangen[36]. Auf diese Weise sollten die Rabbinen wirtschaftlich unabhängig sein, denn dem Gelehrten war es verboten, von seinen Schülern Geld zu nehmen. Bedenkt man zudem, daß ein Drittel ihres Tages dem Studium gehörte, ein Drittel dem Gebet und lediglich ein Drittel für ihren Lebensunterhalt genutzt wurde, ist ihre persönliche Armut nicht erstaunlich. Ab und zu sammelten Gemeindeglieder Geld für die unter Armut leidende Familie eines Rabbi. Hochangesehen waren die Schriftgelehrten, wenn viele Schüler zu ihnen kamen. Paulus schloß sich dem berühmten Rabbi Gamaliel an[37].

Der Rabbinenschüler lernte bei seinem Lehrer die heiligen Schriften zu verstehen und sie auszulegen. Er lernte, knapp und logisch zu formulieren, dabei aber bildhaft und lebendig zu sprechen und kurze Geschichten zur Illustration vorzutragen. Vor allem lernte er, zum Beweis seiner Aussage möglichst viele Rabbinen zu zitieren, d. h. eine Kette von Namen berühmter Gelehrter aufzuzählen, wobei jeder sich auf einen älteren Vorgänger beruft, der ein bestimmtes Gotteswort in einem bestimmten Sinn ausgelegt hat. So wird die Aussage eines Rabbi „historisch" und zu einem verpflichtenden Gebot, eben weil es auf Tradition beruht.

Dagegen setzte Jesus sein „Ich aber sage euch"[38]. Er begründete seinen Anspruch nicht aus der Tradition, sondern aus seiner göttlichen Vollmacht.

Häufig wurden die Lehren der Rabbinen gesammelt und schriftlich festgehalten. Die wohl uns bekannteste Sammlung dieser Art ist der Talmud.

Ihr großes Wissen und ihre hervorragende Kenntnis der heiligen Schriften verhalf den Rabbinen in der Synagoge zu einer starken Machtposition. Ihre Verkündigung in der Synagoge hatte mehr den Charakter einer Belehrung. Es ging ihnen vor allem darum, von der Größe Gottes und seinen Taten zu sprechen, seine Gesetze und Gebote zu lehren sowie allen deutlich zu machen, wie unnachsichtig Gott Gehorsam verlangte. Dies alles wurde an Beispielen aus der Geschichte des eigenen Volkes demonstriert.

Neben ihrer theologischen Funktion betätigten sich die Rabbinen als Juristen. Aus den heiligen Schriften entwickelten sie das geltende neue Gesetz. Sie halfen ratsuchenden Gläubigen, ihr Leben so einzurichten, daß es vor Gottes Urteil bestehen konnte. Gerecht in den Augen Gottes und der Umwelt wollte man sein, untadelig in der Beachtung der Gottesgebote. Immer neue Anweisungen und Auflagen sollten die Gläubigen daran hindern, dem Gesetz Gottes ungehorsam zu werden. Einen „Zaun" nannten die Rabbinen ihre Gebote, die den Gläubigen vor Verirrung und Abweichungen bewahren sollten. Das ängstliche, verunsicherte Volk litt zwar unter diesem „Joch"[39], aber akzeptierte es letztlich doch. Man ging zu den Rabbinen und erbat Rechtsentscheide und Urteile für die zivilen Bereiche, die auf das Wort Gottes zurückgeführt werden konnten.

So entwickelte sich die Synagoge durch die Rabbinen zum Mittelpunkt der jüdischen Gemeinde, denn von hier aus wurde das religiöse ebenso wie das politische und selbst das persönliche Leben der Gemeindeglieder gesteuert. Nicht

[36]Apg. 18,3. [37]Apg. 22,3. [38]Matth. 5,21ff. [39]Matth. 23,4.

Zu den bekannten christlichen Feiertagen ziehen Pilger aus aller Welt nach Jerusalem.

ohne Grund hießen die Schriftgelehrten „Rabbinen"; denn „Rab" bedeutet „groß, mächtig", und genau das waren sie[40].

Jesus zeigt aber einen anderen Weg, vor Gott gerecht zu sein. Nicht in der Enge der Gesetzesreligion soll sich unser Leben bewegen, sondern in der gelebten, praktischen Nächstenliebe. Sie soll durch keinen „Zaun" eingeengt sein, sondern sich offen und frei entfalten, damit sie an jedermann zu jeder Zeit an jedem Ort zur Ehre Gottes wirksam wird[41].

Religiöse Zeremonien und Feste des jüdischen Glaubens stammen aus alttestamentlichen Zeiten. Z. T. sind sie in christlichen Feiern und Sakramenten übernommen worden.

Die Stadt der Feste

In Jerusalem wurden häufig Feste gefeiert. Das Leben in der Stadt folgte dem Rhythmus der Jahreszeiten, wobei jede einzelne ihr ganz besonderes, eigenes Fest hatte. Die Reihenfolge begann im Frühjahr mit der Ernte, dann feierte man im Sommer das Ende der Ernte und schließlich im Herbst die Weinlese. Was sich außerhalb der Stadt auf dem Land im Kreislauf der Jahreszeiten ereignete, daran nahm die Stadt Jerusalem teil; denn im Tempel begann jede Arbeitsperiode der Bauern und Hirten, und dort wurde sie auch beendet. Es waren Dankfeste für den einzig lebendigen Gott Israels, in denen sich die Einheit des in der Zerstreuung lebenden Volkes dokumentierte.

Denn wer nicht nach Jerusalem kommen konnte, entbehrte zwar den feierlichen liturgischen Akt im Tempel, aber die Fröhlichkeit und Wärme der Feier erlebte er in seiner Familie und in der heimischen Synagoge mit.

Das Passahfest überragte alle anderen Feiern an Bedeutung. Riesige Pilgerscharen aus aller Welt strömten zu diesem Fest nach Jerusalem. Man schätzt, daß zu den 50000 Einwohnern Jerusalems bis zu 200000 Pilger hinzukamen. Eine Menschenmenge, die man sich in den engen Gassen der Stadt kaum vorstellen kann.

Wer sich den Wallfahrern nicht anschließen konnte, der tröstete sich und den Schicksalsgenossen mit dem berühmten Gruß: „Nächstes Jahr in Jerusalem!"

Als Ursprung dieses Festes gilt der Auszug Israels aus Ägypten[42]. Zunächst haben es wohl Hirten gefeiert und ihre erstgeborenen Lämmer geschlachtet. Aber allmählich verband sich ein anderes, bäuerliches Fest mit diesem Hirtenfest. Es war das „Fest der ungesäuerten (oder süßen) Brote", auch „Mazzen-Fest" genannt. Die Doppelbezeichnung „Passah" und „Das Fest der süßen Brote" ist zur Zeit Jesu gebräuchlich[43].

Das Passahfest wurde im ersten Monat des Jahres, im Monat Nisan, gefeiert. (Der Nisan entspricht etwa unserem März/April.) Wie man dieses Fest beging, erfahren wir in 2. Mose 12,3ff., 3. Mose 25,5ff. und 5. Mose 16,1ff.

Am Vorabend des Festes, am 14. Nisan, brachte der Familienvater ein Lamm zum Tempel. Nur langsam bewegte sich der mächtige Pilgerzug vorwärts, der nach und nach in den Tempel eingelassen wurde. Priester schlachteten die Lämmer, zerlegten sie in der vorgeschriebenen Weise und gaben sie dann dem Besitzer zurück.

Inzwischen richteten die übrigen Freunde und Angehörigen irgendwo in der Stadt alles für die Feier her. So schickte Jesus zwei seiner Jünger, die das Mahl vorbereiten sollten (siehe S. 64).

Nicht alle Pilger fanden einen solchen Saal. Viele blieben deshalb auf den Straßen, denn es war verboten, das Passahmahl außerhalb der Mauern Jerusalems zu halten. Schlafen konnte man zwar in den nächstgelegenen Ortschaften oder in Zelten auf freiem Feld, doch die Feier selbst mußte in der Stadt vor sich gehen.

[40]Matth. 23,6f. [41]Vgl. Luk. 10,25ff. [42]2. Mose 12. [43]Luk. 22,1.

Das Damaskus-Tor.

Am 15. Nisan begann das Festessen. Nur die Sadduzäer verschoben das Fest um einen Tag. Sie schlachteten am 15. und feierten am 16. Nisan.

Weil dem Lamm die Knochen nicht gebrochen werden durften, wurde es am Spieß gebraten. Mindestens zehn, aber höchstens zwanzig Männer bildeten eine Tafelrunde. Um auf diese Zahl zu kommen, lud man häufig vollkommen Fremde ein, besonders an Arme und Behinderte richtete man die Bitte.

Der Familienvater leitete die Feier. Mit der Segnung eines Weinkelches eröffnete er das Ritual. Nach der Waschung der Hände wurden die ungesäuerten Brote sowie bittere Kräuter ausgeteilt, und man trank einen zweiten Becher Wein. In Erzählungen erinnerte man an den Auszug aus Ägypten und trank nach dem Singen der Psalmen 113 und 114 einen dritten Becher Wein. Wieder wurden die Hände gewaschen, und mit einem Gebet eröffnete man schließlich das Mahl. Jeder bediente sich selbst mit einem Stück Fleisch, das mindestens die Größe einer Walnuß haben sollte. Bittere Kräuter erinnerten an die Bitterkeit in Ägypten, eine rötliche Soße (Haroset) mit einem Brei aus Mandel- und Nußstücken und geriebenen Äpfeln waren Sinnbild für die Baumaterialien der Fronarbeit, während das ungesäuerte Brot auf den eiligen Aufbruch aus der Knechtschaft hinwies. Ein letzter Becher Wein schloß das Mahl ab, das mit einem Dankgebet sowie einem Dank- und Lobpsalm beendet wurde. Kein Stück Fleisch des Passahlamms durfte übrigbleiben; Reste mußten vernichtet werden.

Diesem Passahmahl folgte eine sechstägige Festzeit, während der es aber verboten war, gesäuerte Speise zu essen. Sauerteig und Reste von gesäuertem Brot wurden entfernt[44], um der Anweisung in 2. Mose 12,15–20 zu folgen.

Die Mauern Jerusalems, wie sie heute zu sehen sind, ließ Sultan Soliman der Prächtige errichten.

Die westliche Stadtmauer in der Nähe des Jaffa-Tores.

[44]Vgl. 1. Kor. 5,7f.

Das Jaffa-Tor.

Das Zionstor.

Damaskus-Tor
Es bildet den Hauptzugang von der nördlichen Neustadt zur Altstadt. Auch zur Zeit Jesu befand sich hier wohl ein Stadttor, das unter Herodes dem Großen angelegt worden war. Das heutige Tor stammt aus der ersten Hälfte des 16. Jh. und wurde unter Sultan Soliman dem Prächtigen erbaut.

Jaffa-Tor
Das Jaffa-Tor ist das belebteste aller Stadttore und der Haupteingang zur Altstadt für Motorfahrzeuge. Hier beginnt die Davidsstraße, die bis zur Klagemauer und zum Tempelbezirk führt, mit ihren unzähligen kleinen Geschäften.

Zionstor
Durch das Zionstor erreicht man das jüdische Viertel und den Berg Zion. Noch heute sieht man die Spuren des Krieges 1948 an den zernarbten Mauern. Die Araber nennen das Tor „Tor Davids des Propheten“, weil es in unmittelbarer Nähe des legendären Davidsgrabes liegt.

Jesus und Jerusalem

Die verborgenen Jahre

In dieser Zeit befahl der Kaiser Augustus, daß alle Bewohner des Römischen Reiches namentlich erfaßt werden sollten... Deswegen reiste Joseph aus Nazareth in Galiläa nach Bethlehem, weil er zu den Nachkommen Davids gehörte, der auch in Bethlehem geboren war. Joseph mußte sich also – zusammen mit seiner jungen Frau Maria, die ein Kind erwartete – in die Liste von Bethlehem eintragen. Dort brachte Maria ihr erstes Kind – einen Sohn – zur Welt. Sie wickelte ihn in Windeln und legte ihn in eine Futterkrippe. Einen anderen Platz hatten sie in dem Gasthaus nicht bekommen.

Lukas 2,1.4.7

Rund 10 Kilometer südlich von Jerusalem liegt Bethlehem. In dieser Stadt wurde Jesus geboren, obwohl Maria und Joseph gar nicht dort wohnten[1]. Aber zu jener Zeit ließ der römische Kaiser Augustus (29 v. Chr.–14 n. Chr.) in seinem ganzen Reich eine Steuer-Erfassung durchführen. Sie begann um 7 v. Chr. in Palästina mit einer Registrierung des Grundbesitzes. Joseph stammte von David ab und scheint im Heimatort der Königsfamilie[2] Vermögen besessen zu haben. Deshalb mußte er mit seiner Frau Maria nach Bethlehem reisen, obwohl sie gerade ihr erstes Kind erwartete.

Da die römischen Behörden keine Sonderrücksichten kannten, kam Jesus in einem Notquartier zur Welt. Wie es für fromme Juden selbstverständlich war, wurde er am achten Lebenstag beschnitten. Danach brachten seine Eltern im Jerusalemer Tempel die Opfer dar, die das alttestamentliche Gesetz für jeden erstgeborenen Sohn forderte[3].

Als sich nach Kreuzigung und Auferstehung Jesu in Jerusalem die erste christliche Gemeinde bildete, berichtete Maria über die ungewöhnlichen Begleitumstände seiner Geburt[4].

Während ihrer Verlobungszeit war ihr ein Engel erschienen. Ihr wurde die Geburt eines Sohnes angekündigt, der nicht einem Menschen, sondern dem direkten Schöpferwillen Gottes sein Leben verdankte[5]. Gott unterrichtete auch Joseph von diesem Geheimnis[6]. Die jungfräuliche Geburt Jesu war für die ersten Christen ein wichtiger Hinweis auf die Einzigartigkeit seiner Person. Gegner des Christentums bekamen hierdurch allerdings eine willkommene Gelegenheit für Verdächtigungen.

Das Geburtsjahr Jesu läßt sich aufgrund neuerer astronomischer Forschungen ziemlich genau angeben. Wie schon der große Astronom J. Kepler annahm, handelte es sich beim „Stern von Bethlehem" um eine besondere Planetenstellung. 7 v. Chr. standen Saturn und Jupiter ganz nahe beieinander. Dieses astronomische Ereignis veranlaßte Magier aus dem Osten, nach Jerusalem zu reisen, um dort dem neugeborenen jüdischen König der Endzeit zu huldigen.

Auf diese Weise wurde Herodes der Große, der damals (40 v. Chr.–4 n. Chr.) als König von Roms Gnaden regierte, auf Jesus aufmerksam. Weil Hero-

[1]Luk. 2,1–7. [2]Vgl. 1. Sam. 16,1–10. [3]Luk. 2,21–24. [4]Vgl. Apg. 1,12–14. [5]Luk. 1,26–38. [6]Matth. 1,18–25.

Seite 48: Die Glocken der Geburtskirche in Bethlehem.

Auf dem Hirtenfeld von Bethlehem.

Der reichverzierte Stern in der Geburtsgrotte soll die Stelle bezeichnen, an der Jesus geboren wurde.

des in ständiger Angst vor Umsturzversuchen lebte, ließ er in Bethlehem unter den Neugeborenen ein Blutbad anrichten. Joseph konnte aber mit seiner Familie nach Ägypten[7] fliehen, da ihn Gott gewarnt hatte.

Nach dem Tod des Despoten, an den ein monumentales Grabmal (Herodeion) sechs Kilometer südöstlich von Bethlehem erinnert, ließ sich Joseph im galiläischen Nazareth nieder[8].

In seinem Elternhaus und in der Synagogenschule (siehe S. 40) lernte Jesus beten und lesen. Große Teile des Alten Testaments prägte er sich auswendig ein. Sein Pflegevater Joseph lehrte ihn das Zimmermannshandwerk[9]. Unterbrochen wurde sein zurückgezogenes Leben nur durch die alljährlichen Wallfahrten nach Jerusalem[10]. Hier, im politischen und religiösen Zentrum Israels,

[7]Matth. 2,1–18. [8]Matth. 2,19–23. [9]Matth. 13,55; Mark. 6,3. [10]Luk. 2,41–51.

Im Innern der Geburtskirche von Bethlehem.

Auch heute werden jüdische Kinder wie zur Zeit des Alten Testaments in den heiligen Schriften unterwiesen.

konnte er die großen Rabbinen (siehe S. 43) hören und von Diaspora-Juden etwas über die Zustände im Römischen Weltreich erfahren. Während seine galiläischen Landsleute für ihre revolutionären Neigungen berüchtigt waren (siehe S. 23), verzichtete Jesus auf jeden Versuch, Gottes Herrschaft über die Welt mit Gewalt zu erzwingen. Er wartete geduldig auf seine Berufung.

Die öffentliche Wirksamkeit: Die Berufung

In dieser Zeit fing Johannes der Täufer an, in der judäischen Wüste zu predigen. Sein Hauptthema war: „Ändert euch von Grund auf! Kehrt um zu Gott! Denn jetzt beginnt die Herrschaft Gottes..." Als er aber sah, daß auch viele Pharisäer und Sadduzäer kamen... wies er sie ab: „Ihr Schlangenbrut! Wie könnt ihr glauben, daß ihr dem kommenden Gericht Gottes entrinnen werdet! Beweist erst einmal durch Taten, daß ihr euch wirklich geändert habt!..."
Matthäus 3,1–2.7–8

Jesus verließ im 15. Regierungsjahr des Kaisers Tiberius[11], also 26/27 n. Chr., Nazareth. Damals strömten Tausende von Juden zu den östlich von Jerusalem gelegenen Jordanfurten bei Bethanien[12]. Dort wollten sie einen Mann namens Johannes hören, der nicht wie sein Vater Zacharias Priester geworden war, sondern als einsamer Prediger das Volk Israel zur Umkehr aufrief. Unbarmherzig zerstörte er die Illusion, der Glaube der Väter könne der gegenwärtigen Generation die Aufnahme in die kommende neue Welt Gottes garantieren.

[11]Luk. 3,1. [12]Joh. 3,23.

Der „Berg der Versuchung“ bei Jericho (vgl. Matth. 4,8–10).

Dagegen verkündete Johannes, daß bald der Messias auftreten und ein unerbittliches Gericht über alle halten würde. Nur, wer sich jetzt zum Eingeständnis seiner Schuld taufen ließ, hatte eine Chance, dieses Gericht zu überstehen[13].

Als sich Jesus von Johannes im Jordan taufen ließ, wurde offenkundig, daß er nicht zu den Schuldbeladenen gehörte. Gott bestätigte ihm durch eine himmlische Stimme, sein „einziggeliebter Sohn“ zu sein, der verheißene Messias für Israel und die ganze Welt. Die Anspielungen auf die Opferung Isaaks[14] und die Weissagungen vom leidenden Gottesknecht[15] bereiteten Jesus auf einen schweren Weg vor[16].

Predigt in Galiläa

Und Jesus las: „Mit mir ist der Geist des Herrn, weil er mich berufen hat. Er hat mich beauftragt, den Armen die frohe Botschaft zu bringen. Den Gefangenen soll ich die Freiheit verkündigen, den Blinden sagen, daß sie sehen werden, und den Unterdrückten, daß sie bald von jeder Gewalt befreit sein sollen. Jetzt erläßt Gott alle Schuld.“ Jesus schloß das Buch, gab es zurück und setzte sich wieder. Alle sahen gespannt auf ihn, als er ihnen sagte: „Heute geht dieses Wort des Propheten in Erfüllung.“

Lukas 4,18–21

Jesus ließ sich von der Prophezeiung Jesajas[17] leiten, wonach die messianische Zeit fern von Jerusalem in Galiläa, hart an der Grenze zum Heidenland beginnen würde[18]. Als Herodes Antipas den unbequemen Mahner Johannes in Machärus am Toten Meer einkerkern ließ, setzte Jesus unerschrocken dessen Umkehrpredigt fort[19]. Aber durch seine Verkündigung klang ein neuer Ton. So wenig Jesus das kommende Gericht verschwieg, so legte er doch den Akzent darauf, daß Gott schon jetzt Vergebung anbietet. In der Synagoge seiner Heimatstadt machte er das Programm seiner Sendung bekannt: „Der Geist des Herrn liegt auf mir, weil er mich gesalbt hat. Er hat mich gesandt, Armen Evangelium zu bringen, den Gefangenen Befreiung zu verkündigen und den Blinden das Augenlicht, Bedrückte in Freiheit zu entlassen und ein Gnadenjahr des Herrn auszurufen“[20]. Damit erhob Jesus für sich den Anspruch, die wesentlichen Verheißungen des Alten Testaments zu erfüllen.

Er kündete an, daß Gott bald selbst die Herrschaft über die ganze Welt antreten werde, die gegenwärtig noch vom Satan versklavt wird. Zum Zeichen dafür brach Jesus schon jetzt für jedermann sichtbar die Macht der Dämonen[21]. Das kommende Reich Gottes beschrieb er als großes Fest, bei dem sich die tiefsten Menschheitsträume erfüllen würden. Wer nicht auf fromme Verdienste baute oder sich durch die eigene Schuld abschrecken ließ, der Botschaft Jesu Glauben zu schenken, dem gab er das Recht auf Teilnahme[22].

Vom großen Angebot Gottes sprach Jesus auch in vielen anderen „Gleichnissen“[23]. Diese Kurzgeschichten spiegeln getreu das damalige Leben im ländlichen Galiläa wider. Mit ihren einfühlsamen Schilderungen und ihrer Zuwendung zu den Schwachen und Ausgestoßenen werben sie um die Zustimmung der Hörer. Wer nur einmal das „Gleichnis vom verlorenen Sohn“[24] hörte, kann nie mehr vergessen, wer Gott ist und wie er sich uns gegenüber verhält.

Zum Mittelpunkt seines Wirkens machte Jesus das Fischerstädtchen Kapernaum am Westufer des Sees Genezareth. Aus dieser Gegend kamen auch seine ersten Jünger, so z. B. Petrus und Johannes[25].

Dem Augenschein nach ist Jesu Predigt in Galiläa gescheitert. Die Volksmassen ließen sich nicht von ihrer vorgefaßten Messiaserwartung abbringen

Seite 53: In der judäischen Wüste.

[13]Matth. 3,1–12. [14]1. Mose 22,2. [15]Jes. 42,1. [16]Matth. 3,13–17. [17]Jes. 8,23–9,1. [18]Matth. 4,13–16. [19]Mark. 1,14–15. [20]Luk. 4,18–19. [21]Matth. 12,28–29. [22]Matth. 22,1–14. [23]Matth. 13. [24]Luk. 15,11–32. [25]Matth. 4,12–22.

مصنع
شنتات
وزنانير

und versuchten vielmehr, ihn für einen Umsturzversuch zu gewinnen[26]. Jesus wich nach Norden ins „Heidenland" aus[27]. Nur eine kleine Gruppe von zwölf Männern, die er gleichsam als Stellvertreter des künftigen Gottesvolks[28] und als Mitverkünder[29] berufen hatte[30], folgten ihm nach. Bei Cäsaräa Philippi, dem heutigen Banyas nahe von Dan, bestätigte er diesem Kreis, was er der aufrührerischen Menge verschwieg: Er war wirklich der dem Volk Israel von den Propheten versprochene König (Messias) der Endzeit[31]. Allerdings würde er seine Herrschaft nicht mit Gewalt durchsetzen, sondern unter Einsatz seines Lebens um die Liebe der Menschen werben[32]. Jesus war bereit, sich an das Kreuz schlagen zu lassen, um menschliche Verdorbenheit zu entlarven und Gottes Barmherzigkeit zu offenbaren.

Seite 54: Eine der engen Gassen der Altstadt mit ihren unzähligen kleinen Geschäften.

Ringen um Jerusalem

Voller Zorn knüpfte Jesus aus Stricken eine Peitsche und jagte die Händler mit all ihren Schafen und Ochsen aus dem Tempel. Er schleuderte das Geld der Wechsler auf den Boden und warf ihre Tische um. Den Taubenhändlern befahl er: „Schafft das alles hinaus! Das Haus meines Vaters ist doch kein Krämerladen!"

Johannes 2,15–16

Jesus beschränkte seine Verkündigung auf Israel[33], weil er nach Jesaja 2,1–5 hoffte, ein bekehrtes Volk würde die Nichtjuden dazu bringen, Gott zu suchen.

[26]Joh. 6,1–15. [27]Matth. 15,21. [28]Luk. 22,30. [29]Matth. 10,1–6. [30]Mark. 3,13–19. [31]Matth. 16,13–20. [32]Matth. 20,24–28. [33]Matth. 10,5–6; 15,24.

Orthodoxe Juden vor der „Klagemauer" in Jerusalem.

Insofern war Jesu Ringen um sein eigenes Volk auch ein Kampf um die Heiden. Deshalb versuchte er am Beginn seiner Wirksamkeit[34], den Tempel von aller Geschäftemacherei zu reinigen, um ihn so zu einem „Bethaus für alle Völker“[35] zu machen. Aber das blieb nur ein kurzer Erfolg.

Auch während seines Wirkens in Galiläa ist Jesus mit seinen Jüngern immer wieder zu den großen Wallfahrtsfesten hinauf nach Jerusalem gezogen[36]. Auf dem Tempelplatz hat er mit den religiösen und politischen Führern Israels diskutiert. Doch von Besuch zu Besuch wurde es gefährlicher für ihn. Mußte Jesus nicht als Gesetzesbrecher gelten, wenn er die geheiligte Grundordnung des Sabbats (vgl. S. 44) übertrat[37]? War es nicht Lästerung, wenn er sein Wort über Mose stellte[38] oder Sünden vergab[39] und sich damit an Gottes alleinigem Recht verging? Bedeutete der Messiasanspruch, von dem seine Anhänger flüsterten, nicht eine gefährliche Herausforderung der Römer, die dem Wohl des Volkes nur schaden konnte[40]? Nur wenige Führer wagten daran zu denken, daß Jesus die Wahrheit sagte.

Jesus hat auch in Jerusalem Schauwunder abgelehnt, denn er wollte niemanden mit Machtdemonstrationen überrumpeln. Aber wo Menschen in Not waren, da half er voller Mitleid. Zwei wunderbare Heilungen sind fest mit Jerusalemer Örtlichkeiten verknüpft. So heilte Jesus in „Bethesda“ einen Gelähmten[41]. Es muß sich hierbei um ein Gebäude gehandelt haben, das nördlich vom Tempel beim Schafsteich lag. Kranke warteten dort auf göttliche Hilfe. Am Ende des vorigen Jahrhunderts wurde bei der Kreuzfahrerkirche St. Anna der Doppelteich wieder ausgegraben. Östlich davon fand man Spuren eines Serapis-Heiligtums, das wohl Hadrian nach 135 auf den Trümmern von Bethesda errichten ließ. Einen Blinden, den Jesus heilte, schickte er den weiten, steilen Weg vom Tempel zum Teich Siloah, um seinen Glauben zu erproben[42].

Als sich Jesus zu Beginn des Jahres 30 entschloß, zum Passahfest nach Jerusalem zu ziehen, da wußte er, daß ihn der sichere Tod erwartete[43]. Doch ungeachtet aller Warnungen ging er seinen Weg[44].

Die letzte Woche in Jerusalem brachte Jesus noch einmal den leicht entflammbaren Jubel der Massen, aber auch heftige Auseinandersetzungen mit Sadduzäern und Pharisäern (siehe S. 27). Am Ende starb er wie ein öffentlich gebrandmarkter Verbrecher einen qualvollen, einsamen Tod. Doch was wie ein totales Scheitern aussah, sollte zum größten Triumph der Weltgeschichte werden, der alles veränderte.

Seite 57: Der Teich Siloah, wo Jesus am Sabbat einen Blinden heilte (Joh. 9,11).

[34]Joh. 2,13–23. [35]Mark. 11,17. [36]Joh. 2,13; 5,1; 7,10. [37]Matth. 12,1–14. [38]Matth. 19,1–7. [39]Matth. 9,2–8. [40]Joh. 11,45–54. [41]Joh. 5,1–18. [42]Joh. 9,1–7. [43]Matth. 16,21. [44]Matth. 16,22–23.

Der Prozeß gegen Jesus von Nazareth

Begegnung in Jericho

Der kürzeste Weg von Galiläa nach Jerusalem führte durch Samarien. Aber weil die Samariter vom offiziellen Judentum nicht als rechtsgültig anerkannt wurden, rächten sie sich durch häufige Schikanen gegen Festpilger. Wohl um solchen Schwierigkeiten zu entgehen[1], nahm Jesus diesmal den Weg durchs Jordantal. Der letzte Ort vor dem Aufstieg in das Gebirge Juda war Jericho. Die neutestamentliche Stadt lag am Ausgang des tiefeingeschnittenen Wadi Kelt, durch das die Römerstraße nach Jerusalem führte, auf die Jesus mit der Erzählung vom „Barmherzigen Samariter" angespielt hat[2]. Die Ausgrabungen in dieser Siedlung vermitteln einen guten Eindruck von den Prachtbauten Herodes d. Gr. und seines Sohnes Archelaus. Man fand auch eine luxuriöse Privatvilla von der Art, wie sie wohl Zachäus besessen hat. Als Generalsteuerpächter an diesem wichtigen Grenzort hatte er sich hemmungslos bereichert[3]. Aber wie sein Interesse für Jesus zeigt, fand er dadurch keinen Frieden. Auch auf seiner letzten Wanderung blieb Jesus dabei, jedem einzelnen zu helfen, der mit seinem Leben nicht zurechtkam. Er kehrte im Haus des Zachäus ein und nahm ihn so wieder in die Gemeinschaft mit Gott auf, ohne dabei auf seinen eigenen Ruf zu achten. Zachäus erlebte tiefe Freude und antwortete mit spontaner Wiedergutmachung, die weit über das juristisch festgesetzte Maß hinausging. Er wurde so zu einem Beispiel dafür, wie Versöhnung mit Gott soziale Konsequenzen hat. Weiter zeigte sich an Zachäus, daß Jesu rettendes Handeln keine Grenzen kennt[4].

Zachäus wollte unbedingt Jesus sehen; aber er war sehr klein, und die Menschen machten ihm keinen Platz. Deshalb lief er ein Stück voraus und kletterte auf einen Maulbeerbaum am Wege... Als Jesus kam, sah er zu Zachäus hinauf: „Zachäus, komm schnell herunter! Ich möchte heute Gast in deinem Hause sein!"

Lukas 19,2–5

Die Salbung Jesu in Bethanien

Der Name des arabischen Dorfes El-Azarije bewahrt die Erinnerung an den rund 500 m westlich davon gelegenen Wohnort des Lazarus, den Jesus kurz vor dem letzten Passah vom Tod auferweckte[5]. Unmittelbar neben den Trümmern einer dreischiffigen Kirche aus dem 4. Jh. wurde 1951/53 ein Grab freigelegt, das den Vorschriften zur Zeit Jesu entspricht. Es kann sich dabei durchaus um das Lazarusgrab handeln. Legendär sind dagegen alle Orte, an denen Häuser gezeigt werden, wo Jesus gastliche Aufnahme gefunden haben soll.

Seine Salbung durch Maria bei einem Festmahl[6] erhob Jesus zu einer prophetischen Zeichenhandlung: Sein Tod war so sicher, daß man ihn schon jetzt für das Begräbnis salben konnte. Judas, dessen Beiname Iskarioth nach Ansicht einiger Forscher auf die Zugehörigkeit zur sozialrevolutionären Sikariersekte hindeutet, sah in diesem Liebesbeweis der Maria eine unverantwortliche Verschwendung. Offensichtlich war diese Enttäuschung über Jesus der letzte Anstoß zum Verrat[7], wenngleich uns seine letzten Motive verborgen bleiben. Johannes wies nicht umsonst auf die satanische Dimension dieses Verrats hin[8]. Die Salbungsgeschichte wird all denen ein Anstoß bleiben, für die Jesus lediglich ein sozial vorbildlicher Mensch ist.

Da nahm Maria ein Gefäß mit kostbarem Salböl, goß es über die Füße Jesu und trocknete sie mit ihrem Haar. Der Duft des Öls erfüllte das ganze Haus. Aber entrüstet meinte einer von seinen Jüngern, Judas Ischarioth, der ihn später verraten sollte: „Das Öl ist ein Vermögen wert. Es wäre besser gewesen, man hätte es für dreihundert Silberstücke verkauft und das Geld den Armen gegeben." ...Jesus erwiderte: „Laßt sie doch! Sie hat damit nur die Salbung zu meinem Begräbnis vorweggenommen. Arme, um die ihr euch kümmern könnt, wird es immer geben. Aber ich bin nicht mehr lange bei euch."

Johannes 12,3–5.7–8

[1]Luk. 9,51–53. [2]Luk. 10,30–35. [3]Luk. 19,2. [4]Luk. 19,10. [5]Joh. 11,1–43. [6]Joh. 12,2. [7]Vgl. Matth. 26,6–16. [8]Joh. 13,2.

Seite 58: Die bekannte Via Dolorosa

Bethanien, wo Jesus den Lazarus vom Tode auferweckte (Joh. 11,39–43).

Seite 61: Das Goldene Tor war früher der östliche Hauptzugang zum Tempelbezirk. Es wurde im 16. Jh. zugemauert.

Nachdem Jesus mit seinen Jüngern in die Nähe von Jerusalem gekommen war, erreichten sie Bethphage am Ölberg. Jesus schickte zwei Jünger mit dem Auftrag voraus: „Wenn ihr in das Dorf kommt, werdet ihr dort eine Eselin mit ihrem Fohlen finden. Bindet sie los und bringt sie zu mir...“ Die beiden Jünger führten aus, was Jesus ihnen gesagt hatte... Viele Menschen breiteten ihre Kleider als Teppich auf der Straße aus, andere rissen Zweige von den Bäumen und legten sie auf den Weg. Vor und hinter ihm drängten sich die Menschen und riefen: „Heil unserem König, dem Sohn Davids! Ihn hat uns Gott gesandt. Der Herr segne ihn! Gelobt sei Gott!“

Matthäus 21,1–2.6.8–9

Judas endete durch Selbstmord. Vergeblich hatte er sein Gewissen zu beruhigen versucht, indem er den Verräterlohn zurückgab. Die Hohenpriester kauften von diesem Geld einen Begräbnisplatz für Pilger, die während ihres Aufenthalts in Jerusalem starben. Von den Christen wurde dieser Platz „Blutacker“ (aramäisch: Hakeldama) genannt[9]. Er lag wahrscheinlich an der Südseite des Hinnom-Tals beim Rogel-Brunnen.

Der Einzug in Jerusalem

Auf halbem Weg zwischen dem heutigen Bethanien und Jerusalem liegt über einer Kirche des 4. Jh. die Franziskanerkirche Bethphage. An der Wende vom 1. zum 2. Jh. befand sich hier ein judenchristlicher Friedhof. Heute beginnt dort in jedem Jahr am Palmsonntag eine große Prozession, bei der sich Christen verschiedener Bekenntnisse den Einzug Jesu nach Jerusalem vergegenwärtigen.

Das neutestamentliche Bethphage ist aber eher auf einem der Ölberg-Gipfel bei dem arabischen Dorf Et-Tur (809 m) zu suchen. Etwa 500 m nördlich dieses Ortes fand man die Trasse einer Römerstraße, die ohne Kehren den Abhang des Ölbergs[10] in das Kidrontal hinabführt. Auf eben dieser Straße, in die mehrere Pilgerwege aus Judäa und dem Jordanland mündeten, dürfte die große Menschenmenge Jesus begleitet haben[11].

Viele nehmen an, daß Jesus durch das Susan-Tor, auf dessen Fundamenten heute das von den Türken zugemauerte „Goldene Tor“ steht, in Jerusalem einzog. Aber es ist fraglich, ob dieses Tor in der östlichen Tempelmauer für Nichtpriester überhaupt offenstand. Außerdem scheint Jesus zuerst durch die Stadt gekommen zu sein[12], ehe er den Tempel erreichte.

Deshalb dürfte auch das Schaftor in der Nähe von Bethesda ausscheiden. Vermutlich zog er entweder durch eins der Tore in der nördlichen Neustadt oder im Süden durch die Davidsstadt[13] ein.

In Bethphage als dem äußersten Vorort von Jerusalem begann Jesus mit einer Zeichenhandlung. Seit Sacharja[14] spielte der Ölberg eine wichtige Rolle in der jüdischen Endzeiterwartung. Der Prophet hatte angekündigt, daß der Messiaskönig einst auf einem Eselsfohlen in die Stadt einreiten würde[15]. Dazu lehrte eine rabbinische Überlieferung: „Wenn sie Verdienste haben, dann kommt er mit den Wolken des Himmels[16]; wenn sie keine Verdienste haben, arm und auf einem Esel reitend.“ War eine derartige Auslegung bereits zur Zeit Jesu bekannt, dann wird sein Handeln besonders gut als ein letzter Ruf zur Umkehr für Jerusalem verständlich. Wenn seine Landsleute schon nicht auf ihn hören wollten, dann sollten sie wenigstens sehen, um später keine Entschuldigung zu haben.

Der Einzug auf dem Eselsfohlen war gleichzeitig eine Absage an jeden gewalttätigen Messianismus. Haben das die jubelnden Massen nicht gemerkt? Ihre Freudenrufe verraten politische Untertöne. „Hoschiana Ben David – Hilf doch, Sohn Davids!“ – das bedeutete einen versteckten Aufruf zum messianischen Befreiungskampf. Das Ausbreiten der Kleider[17] und das Ausstreuen von Zweigen[18] waren Gesten, mit denen man einem König huldigte. Dieses politische Mißverständnis verfolgt Jesus heute noch. Manche haben bis jetzt nicht begriffen, daß Revolutionäre in der Regel nicht auf einem Esel daherreiten.

[9]Matth. 27,3–9. [10]Vgl. Luk. 19,37. [11]Matth. 21,8. [12]Matth. 21,10.12. [13]Matth. 21,9. [14]Sach. 14,4. [15]Sach. 9,9. [16]Vgl. Dan. 7,13. [17]Vgl. 2. Kön. 9,12–13. [18]Vgl. 1. Makk. 13,51.

Jesus weint über Jerusalem

Seite 62/63: Während seiner langen Geschichte wurde Jerusalem viele Male erobert und zerstört. Den wohl schönsten Blick auf die heutige Stadt hat man vom Ölberg aus.

1955 gruben Franziskaner auf der halben Höhe des Ölbergs zwischen Gethsemane und der Himmelfahrtskirche eine byzantinische Kirche des späten 7. Jh. aus. Genau darüber bauten sie eine Kirche, deren Form an eine Träne erinnert, und gaben ihr den Namen Dominus Flevit, d. h. „der Herr weinte“. Durch ihre offenen Fenster hat man einen herrlichen Blick auf den Tempelplatz. Nahe bei der Kirche wurde ein Friedhof aus der Zeit vor der Tempelzerstörung gefunden, auf dem offensichtlich auch Judenchristen begraben waren. Auf den Steinsärgen finden sich Namen wie Maria, Martha oder Salome, die uns aus dem Neuen Testament bekannt sind. Weil aber die Ortslage von Bethphage mit dem heutigen arabischen Dorf Et-Tur gleichzusetzen ist (s. o.), scheidet Dominus Flevit als der Ort aus, an dem Jesus über Jerusalem weinte. Das geschah wohl irgendwo auf dem Gelände des griechisch-orthodoxen Klosters Viri Galilaei, das heute von einer hohen Mauer umgeben ist.

Die Tränen über Jerusalem bedeuteten ein prophetisches Zeichen. Schon Jeremia hatte über die Stadt geklagt[19]. Die Worte Jesu knüpfen vermutlich an ein volkstümliches Wortspiel an, das Jerusalem als „Schauung des Friedens“ deutete[20]. Die Stadt war diesem Namen nicht gerecht geworden. Sie hatte den Friedensmessias abgewiesen und sich insgeheim den zelotischen Aufrührern verschrieben (siehe S. 23). Jesus behielt recht, wenn er das sichere Unglück der Stadt voraussah. Am Ende des jüdischen Aufstands gegen Rom verschanzten sich drei Widerstandsgruppen in der Stadt, die sich untereinander blutig bekämpften. Erst als der römische Kronprinz Titus im Frühjahr 70 n. Chr. zum Sturm auf die Mauern rüstete, hörte der gegenseitige Terror auf. Doch da war es zu spät. Die Belagerungsmaschinen der Römer leisteten ganze Arbeit, so daß wirklich kaum ein Stein auf dem anderen blieb (siehe S. 70, 95).

Als Jesus Jerusalem vor sich sah, weinte er über die Stadt. „Der Friede war dir so nahe, warum nur wolltest du ihn nicht haben? Und auch jetzt willst du ihn nicht“, sagte Jesus traurig. „Der Tag wird kommen, an dem deine Feinde einen Wall um deine Mauern aufwerfen und dich von allen Seiten belagern werden. Sie werden dich mit deinen Einwohnern vernichten, und kein Stein wird auf dem anderen bleiben. Die Gelegenheit, die Gott dir geboten hat, hast du nicht genutzt.“
Lukas 19,41–44

Das Abendmahl im Obergemach auf dem Zionsberg

Es gibt beachtliche Gründe dafür, das „Obergemach“, in dem Jesus das Abendmahl einsetzte[21], mit dem Obergemach zu identifizieren, das der ersten Jerusalemer Christengemeinde als Versammlungsort diente[22]. Dieser Raum gehörte nach einigen Forschern zum Haus der Maria, der Mutter des Johannes Markus[23].

Bischof Epiphanius berichtet uns, daß Kaiser Hadrian um 130 n. Chr. bei einer Inspektionsreise in der Stadt alles zerstört fand, „ausgenommen einige Häuser und die kleine Kirche Gottes, die an dem Ort war, wo die Jünger – zurückgekehrt vom Ölberg nach der Himmelfahrt des Erlösers – in den Obersaal hinaufstiegen“. Auch durch den zeitgenössischen Geschichtsschreiber Josephus wissen wir, daß 70 n. Chr. der jüdische Widerstand zusammenbrach, ehe die Zerstörungswalze der römischen Belagerungsmaschinen die Oberstadt erreichte.

Die Kirche auf dem Südteil des westlichen Stadthügels, der später irrtümlich „Zion“ genannt wurde, scheint man im Jahr 303 während der Christenverfolgung unter Kaiser Diokletian zerstört zu haben. An ihrer Stelle wurde 340 eine fünfschiffige Basilika errichtet, von der man 1898/1899 bei Ausgrabungen einige Überreste fand, die zusammen mit Teilen eines Kreuzfahrerbaus in eine franziskanische Kirche des 14. Jh. eingebaut wurden. Heute liegt der ganze Komplex in einem moscheeähnlichen Gebäude in der Nähe des Zionstors und auf dem Gelände der weithin sichtbaren katholischen Domitio-Abtei. Sie

An dem Tag des Passahfestes, an dem in jeder jüdischen Familie ein Lamm geschlachtet wurde, schickte Jesus seine Jünger Petrus und Johannes voraus, alles für das Fest vorzubereiten... Jesus nahm den Becher mit Wein in die Hand. Er sprach das Dankgebet und sagte dann: „Nehmt den Becher und trinkt alle daraus. Denn ich werde keinen Wein mehr trinken, bis das Reich Gottes gekommen ist.“ Dann nahm er das Brot. Er dankte Gott dafür, teilte es und gab es ihnen mit den Worten: „Das ist mein Leib, der für euch hingegeben wird...“
Lukas 22,7–8.17–19

[19]Jer. 26. [20]Luk. 19,42. [21]Luk. 22,12. [22]Apg. 1,13. [23]Apg. 12,12.

erinnert daran, daß man seit dem 7. Jh. den Tod Marias, der Mutter Jesu, auf den Zion verlegte.

Unweit des Zionstores wurden 1971/72 gut erhaltene Häuser gefunden, die hier zur Zeit Jesu standen. Wie die Bauweise und reiche Freskenfunde beweisen, wohnten hier ausgesprochen wohlhabende Leute. Auch das Haus der Mutter des Johannes Markus muß verhältnismäßig groß und vornehm gewesen sein, denn es wird ein von einer Sklavin bewachtes[24] Außentor erwähnt.

Das „Obergemach" eines solchen Hauses lag im zweiten oder dritten Stock und hatte an allen Seiten Fenster[25]. Es war ım Orient der luftigste, bestausgestattete[26] und ruhigste Raum. Schriftgelehrte hielten hier gern ihre Versammlungen ab, und auch Jesus legte Wert darauf, sein letztes Mahl in einem solchen festlichen Raum zu feiern[27].

An den byzantinischen Kirchbau aus dem 4. Jh. grenzte ein kleines quadratisches Gebäude. Nach Untersuchungen von 1951 scheint es möglich, daß es sich dabei um eine Synagoge (siehe Seite 40) aus der Zeit nach, vielleicht sogar schon vor der Tempelzerstörung handelt. Wandzeichnungen beweisen, daß dieses Gebäude von Christen benutzt wurde. Manche Forscher identifizieren seine Mauerreste mit dem Abendmahlsgebäude Jesu. Heute dient der Raum als jüdische Synagoge.

Eine späte jüdisch-islamische Tradition verlegt das Grab Davids an diese Stelle. Auch wenn man vielleicht schon in neutestamentlicher Zeit dieses Grab auf dem Zion suchte[28], so wissen wir doch sicher, daß die judäischen Könige auf dem Osthügel begraben wurden. Über dem „Davidsgrab" liegt der traditionelle Abendmahlssaal, der in seiner heutigen Form aus dem 14. Jh. stammt.

Das Johannesevangelium berichtet eindeutig[29], daß Jesus zur selben Zeit gekreuzigt wurde, in der man die Passahlämmer schlachtete. Diese Datierung wird vom Talmud (siehe Seite 44) bestätigt. Das Passahmahl, das Jesus am Vorabend seines Todes mit seinen Jüngern feierte, fand also einen ganzen Tag vor dem offiziellen Termin statt. Wie bei den Juden außerhalb Jerusalems war es deshalb wohl ein Mahl ohne Passahlamm. Wie der Verlauf der Feier zeigen sollte, erhielt das bei Jesus allerdings eine tiefe Bedeutung. Weil er seine Verfolger auf den Fersen wußte, gingen die Vorbereitungen für das Mahl in großer Heimlichkeit vor sich. Ein Erkennungszeichen wies den Jüngern den Weg zum Obergemach. Entgegen der Landessitte trafen sie einen Mann, der Wasser trug[30]. Jesus konnte tatsächlich noch ungestört seine letzte Mahlzeit halten, bei der er dem vertrauten Jüngerkreis noch so Wichtiges zu sagen hatte.

Bei jedem Passahmahl ist es bis heute üblich, daß der Hausvater die einzelnen Speisen mit den Ereignissen des Auszuges aus Ägypten in Verbindung bringt (siehe Seite 45). Auch Jesus sprach beim letzten Passahmahl Deuteworte, aber sie hatten einen ungewöhnlichen Inhalt. Er deutete das Brot auf seinen Leib, der bald darauf am Kreuz zerbrechen, und den roten Mischwein auf sein Blut, das aus vielen Wunden fließen würde[31]. Das heißt, Jesus sprach so von sich, als sei er das Passahlamm. Damit bezog er die Prophetien vom leidenden Gottesknecht auf sich, der alle Schuld der Menschheit trägt und wie ein Lamm geopfert wird[32].

Beim Auszug der Israeliten aus Ägypten war das über die Türpfosten gestrichene Blut der Lämmer ein Erkennungszeichen dafür, daß in diesen Häusern Israeliten wohnten, die der Todesengel verschonte[33]. Das vergossene Blut Jesu wird für seine Jünger zum Unterpfand, daß sie vor dem ewigen Tod bewahrt bleiben[34]. Seit dem Bundesschluß am Sinai[35] erinnerte jedes blutige Tieropfer

Seite 65: Ausgrabungsfeld im Süden der Stadtmauer.

[24]Apg. 12,13–14. [25]Vgl. Apg. 20,8–9. [26]Vgl. Mark. 14,15. [27]Mark. 14,14–15. [28]Vgl. Apg. 2,29. [29]Vgl. Joh. 18,28; 19,14. [30]Luk. 22,10. [31]Luk. 22,19–20. [32]Jes. 53,6–7. [33]2. Mose 12,12–13. [34]Joh. 6,53–54. [35]2. Mose 24,3–8.

Israel daran, wie schwer menschliche Schuld wiegt. Eigentlich müßte der heilige Gott das entheiligte Leben der Schuldiggewordenen zurücknehmen. Aber er begnügte sich einstweilen mit stellvertretend geschlachteten Lämmern. Wenn Jesus sein göttliches Leben hingab, so brachte er damit das höchste überhaupt denkbare Opfer. Gott zeigte durch das Sterben seines Sohnes, wozu Menschen fähig sind und wie weit seine vergebende Liebe trotzdem reicht. Mit dem Opfer Jesu sind die alttestamentlichen Opfer hinfällig geworden[36]. Vergebung hängt nun nicht mehr vom Vollzug bestimmter Riten ab, sondern allein vom Glauben an den Sohn Gottes.

Auch in seinen letzten Stunden blickte Jesus voraus auf die Herrschaft Gottes, deren Anbruch in der Welt er verkündigt hatte. Sahen seine Gegner und selbst die Jünger seinen Tod als Scheitern der Predigt vom Reich Gottes, so hielt er bis in die Todesstunde[37] diese Hoffnung fest. Er wußte, daß Gott niemanden in sein Reich zwingen will, sondern sich in seiner Person wehrlos dem Haß der Menschen ausliefert, um noch so ihre Liebe zu gewinnen. Als Jesus nach seiner Auferstehung den Jüngern wieder begegnete, da lud er sie erneut zum Mahl ein[38]. Das gab ihnen Gewißheit, daß er ihr klägliches Versagen verziehen hatte, denn Tischgemeinschaft bedeutete zur Zeit Jesu Vergebung und Versöhnung.

Das Abendmahl war auch ein Ausdruck herzlicher, menschlicher Gemeinschaft. Jesus sprach von seiner tiefen Sehnsucht nach diesem letzten Beisammensein[39]. Er hat das dadurch betont, daß er – entgegen dem Brauch – seinen eigenen Becher herumreichte[40].

Die Jerusalemer Urgemeinde setzte die Mahlfeier Jesu in solcher Einmütigkeit und Freude fort, daß es Außenstehenden auffiel[41] und sie anzog. Bei ihren

[36]Hebr. 9 u. 10. [37]Vgl. Luk. 23,12–43. [38]Joh. 21. [39]Luk. 22,15. [40]Luk. 22,17. [41]Apg. 2, 46–47.

Der mittelalterliche Abendmahlssaal auf dem Berg Zion (vgl. Matth. 26,20–30).

Unterwegs sagte Jesus zu seinen Jüngern: „In dieser Nacht werdet ihr alle an mir zweifeln und mich nicht mehr begreifen. Denn es steht geschrieben: ‚Ich werde der Herde den Hirten nehmen, und die Schafe werden auseinanderlaufen.' Aber nach meiner Auferstehung gehe ich nach Galiläa. Dort treffe ich euch wieder."
Matthäus 26,31–32

gemeinsamen Mahlzeiten lösten die ersten Christen auch ihre sozialen Probleme. Jeder steuerte nach seinem Vermögen dazu bei, und so kam es, daß man brüderlich miteinander teilte.

Wenn Jesus seine Jünger zum Passahmahl lud, dann handelte er wie ein Hausvater. Mit dem Mahl schloß er seine Anhänger zu einer Familie zusammen, die sich nicht auf blutsmäßige Abstammung gründete, sondern auf den Gehorsam gegenüber dem Vater im Himmel[42]. Deshalb nannten sich die Christen untereinander Schwestern und Brüder. Zur neuen Gottesfamilie gehörten Sklaven und Freie, Männer und Frauen, Arme und Reiche, Junge und Alte. Natürlich stand der Zusammenhalt einer solch buntgemischten Familie auch immer wieder vor Zerreißproben. So mußte der Apostel Paulus darum kämpfen, daß Juden und Heiden an der gemeinsamen Mahlfeier festhielten, um zu demonstrieren, daß sie beide auf dieselbe Errettung durch Jesus vertrauten[43]. Auch wenn sich heute Christen zum Abendmahl versammeln, dann bekennen sie sich zu einer alle nationalen und sozialen Schranken überwindenden Gemeinschaft, die ihren Bestand allein Jesus verdankt.

Seite 69: Eine alte römische Steintreppe führt vom Berg Zion in das Kidrontal. Links im Bild die Hahnenschreikirche (St. Peter in Gallicantu).

Durchs Kidrontal nach Gethsemane

Vom Zionsberg, vorbei an der Kirche St. Petrus in Gallicantu, führt eine Treppe hinunter bis in die Nähe des Siloah-Teichs. Auch wenn diese Stufen-

[42]Matth. 12,46–50. [43]Gal. 2,11–16.

Blick über das Kidrontal zum Ölberg.

Seite 71: Der Garten Gethsemane. Im Hintergrund das Goldene Tor.

straße vielleicht erst in der byzantinischen Epoche angelegt wurde, so vermittelt sie doch einen Eindruck von den Wegverhältnissen zur Zeit Jesu. Nach dem Abschluß der Passahliturgie mit Psalm 118 erreichte Jesus durchs Kidron-Tal das Landgut Gethsemane[44]. Dabei kam er an den drei mächtigen Grabanlagen vorbei, die heute im Volksmund mit dem Davidssohn Absalom, dem Propheten Sacharja und dem Apostel Jakobus in Verbindung gebracht werden.

Auch in dieser letzten Nacht noch hätte Jesus die Gelegenheit zur Flucht nutzen können. Wenige Kilometer östlich des Ölbergs beginnt die Wüste Juda mit ihren Hunderten von Schluchten und Höhlen, die seit David immer wieder Gehetzten Zuflucht geboten hatten. Hier wäre Jesus vor den Greiftrupps der Tempelbehörde und selbst vor den Römern sicher gewesen. Aber er blieb in Jerusalem, ohne allerdings die Jünger im Unklaren über sein Geschick zu lassen[45]. Petrus fand selbst in dieser Situation noch große Worte, aber Jesus kannte ihn besser[46]. Noch war Petrus nicht dazu fähig, den Märtyrertod zu sterben. Die Angst und Beschämung der nächsten Stunden mußten ihm erst alle Illusionen über sich selbst nehmen.

Der Gebetskampf in Gethsemane

Über die Lage von Gethsemane (aramäisch: Ölkelter) kann es keinen Zweifel geben. Das Gartengrundstück erstreckt sich am Hang des Ölbergs von der Kidronbrücke, auf der die Straße vom St. Stephans-(Löwen-)Tor herführt, nach Süden. Die monumentale „Kirche der Nationen“ wurde in den Jahren 1920/21 über einen Kreuzfahrerbau des 12. und einer byzantinischen Basilika aus dem 4. Jh. errichtet. Beide alten Kirchen standen mit Mauerresten in Verbindung, die vielleicht noch aus römischer Zeit stammen und auf eine Ölkelter hindeuten. Vor der Franziskaner-Kirche stehen acht mächtige Ölbäume, die allerdings trotz ihres hohen Alters Jesu Gebetskampf noch nicht gesehen haben. (Bei der Belagerung Jerusalems im Jahr 70 n. Chr. hatte Titus nämlich alle Bäume im Umkreis von 20 Kilometern abholzen lassen.) Der dickste dieser acht Stämme verrät durch eine wulstartige Narbe, daß er aus einem älteren Wurzelstock hervorwuchs, der vielleicht schon zur Zeit Jesu stand.

Die Stunden in Gethsemane zeigten Jesus als wirklichen Menschen. Er suchte die mittragende Gemeinschaft seiner Jünger, denen aber etwas Schlaf wichtiger war[47]. Jesus hat sich nicht wie ein Selbstmörder zum Sterben gedrängt. Er erlitt die normale menschliche Angst vor dem Tod[48], der uns die Herrschaft über uns selbst nimmt. Doch es ging damals noch um mehr als um eine grauenvolle, schimpfliche Hinrichtung. Der „Kelch“[49], den Jesus trinken soll, ist ein stehender Ausdruck des Alten Testaments für den Zorn Gottes, der sich vernichtend gegen alles Unrecht wendet[50]. Wir können höchstens erahnen, welche Hölle der Gottverlassenheit[51] Jesus durchleiden mußte.

Wie immer in Entscheidungssituationen[52] suchte er Klarheit im Gebet. Jesus redete auch jetzt Gott mit „Abba“ an[53]. Dieses aramäische Wort ist ein familiärer, vertraulicher Ausdruck, den kein damaliger Jude auf Gott anzuwenden gewagt hätte. Wenn Jesus „Abba“ sagte, dann wies er darauf hin, daß seine einzigartige Beziehung zu Gott nur mit der eines wirklichen Sohns verglichen werden kann[54]. Selbst auf dem Höhepunkt der Not hielt Jesus daran fest, Gott seinen „Vater“ zu nennen und ihm damit sein unbeirrbares Vertrauen auszusprechen.

Und Gott ließ ihn nicht ohne Antwort, sondern zeigte ihm seinen Willen.

Jesus ging ein paar Schritte weiter, kniete nieder und betete: „Mein Vater, wenn es möglich ist, so bewahre mich vor diesem Leiden. Nur du könntest es mir ersparen. Aber nicht, was ich will, sondern was du willst, soll geschehen.“ Dann kam er zu den drei Jüngern zurück und sah, daß sie eingeschlafen waren. Traurig weckte er Petrus: „Simon!“ rief er. „Schläfst du? Kannst du denn nicht eine einzige Stunde mit mir wachen?...“

Markus 14,35–37

44Joh. 18,1. 45Matth. 26,31. 46Matth. 26,33–35. 47Mark. 14,32–33.37. 48Mark. 14,33–36. 49Mark. 14,36. 50Jesaja 51, 17–22. 51Vgl. Matth. 27.46. 52Vgl. Mark. 1.35: 6.46. 53Mark. 14,36. 54Vgl. Matth. 11,27.

Man war damals gewohnt, von Gott umschreibend in passiven Wendungen zu reden. Wenn Jesus sagte, daß er „in die Hände der Sünder ausgeliefert wird“, dann heißt das nichts anderes, als daß Gott das kommende schreckliche Geschehen zuläßt[55]. Es werden Menschen sein, welche die Schuld für einen gräßlichen Justizmord auf sich laden, aber Gott wird durch dieses Sterben hindurch seine Pläne für die Errettung eben dieser Menschen zum Ziel bringen.

Die größte Entscheidung, die jemals in der Weltgeschichte getroffen wurde, fiel im Gebet. Wenn Christen im Vaterunser beten „Dein Wille geschehe“, dann bitten sie auch um Einsicht in den Willen Gottes. Selbst kleine Entschlüsse können die Herrschaft Gottes voranbringen, wenn sie aus hörendem Beten hervorgehen.

Verrat und Verhaftung

Etwa hundert Meter nördlich der Franziskanerkirche liegt das traditionelle Mariengrab. Von ihm aus gelangt man in eine Felsgrotte, die etwa hundert Personen Platz bietet. Im 4. Jh. wurde diese Höhle, die früher eine Ölpresse beherbergte, zu einem Gottesdienstraum umgewandelt, von dem noch einige Steinbänke vorhanden sind. Mindestens seit dem Beginn des 4. Jh. verband man diesen Ort mit dem Verrat des Judas. Es ist nicht auszuschließen, daß diese geräumige Naturgrotte Jesus und seinen Jüngern bei ihren häufigen Aufenthalten in Gethsemane[56] tatsächlich als Unterkunft diente. Immerhin war man hier vor unerwünschten Lauschern geschützt.

Damals war es nicht ungewöhnlich, daß sich gute Freunde mit einem Kuß begrüßten[57]. Wenn Judas diese sehr persönliche Freundschaftsgeste als Signal zum Verrat mißbrauchte, dann wurde offenbar, zu welcher Niedertracht Menschen fähig sind.

Bis heute verhaften Unrechtsregime ihre Kritiker mit Vorliebe nachts und sprechen sich damit selbst das Urteil. Das Riesenaufgebot von Bewaffneten gegen Jesus stand in krassem Gegensatz zum Anlaß der Aktion. Daran änderte

Noch während Jesus sprach, kam Judas, einer seiner Jünger, zusammen mit vielen Männern, die von den Hohenpriestern und den Führern des Volkes geschickt und mit Schwertern und Knüppeln bewaffnet worden waren. Judas hatte mit ihnen vereinbart: „Der Mann, den ich küssen werde, der ist es. Ihn müßt ihr festnehmen!“ Judas ging auf Jesus zu und sagte: „Sei gegrüßt, Meister!“ Dann küßte er ihn.
Matthäus 26,47–49

[55]Mark. 14,41. [56]Vgl. Luk. 22,39; Joh. 18,2. [57]Vgl. Matth. 26,49.

Vom Kidrontal führt eine Straße an der „Kirche aller Nationen“ vorbei nach Bethanien und bis in das Jordantal und zum Toten Meer.

In der Hahnenschreikirche wird ein Gewölbe gezeigt, in dem Jesus angeblich nach seinem Verhör vor dem Hohen Rat festgehalten wurde.

auch die Kurzschlußreaktion des einen Jüngers nichts, der zum Schwert griff[58]. Man verhaftete in großer Heimlichkeit einen Mann, der in den Tagen zuvor in aller Öffentlichkeit seine Überzeugung vertreten hatte[59]. Jesus sagte das den Häschern ins Gesicht.

Er ließ sich aber nicht auf den Kreislauf von Gewalt und Gegengewalt ein[60]. Um ein Mindestmaß an irdischer Gerechtigkeit aufrechtzuerhalten, kann der Staat nicht auf Gewalt verzichten. Das wußte schon Paulus[61]. Das kommende Reich Gottes aber soll Menschen in ihrem Innersten verwandeln, und deshalb bleibt Zwang ausgeschlossen. Jesus ging den Weg der aufopfernden Liebe, die Menschen zu freiwilliger Zustimmung überwinden will. Im ganzen Alten Testament fand er solch stellvertretendes Leiden vorgezeichnet[62].

Das Verhör im hohenpriesterlichen Palast

Am Ostabhang des Zionsberges steht eine 1931 eingeweihte katholische Kirche, die nach ihrer Vorgängerin aus der Kreuzfahrerzeit St. Petrus in Gallicantu (St. Peter zum Hahnenschrei) heißt. Bei Ausgrabungen seit Ende des vorigen Jahrhunderts wurden außer den Grundmauern einer byzantinischen Kirche des 6. Jh. Überreste eines großen Hauses gefunden, das man für den Palast des Hohenpriesters (siehe S. 26) hielt. Doch stammt das Gebäude sehr wahrscheinlich erst aus der Zeit der römischen Stadt Aelia Capitolina, d. h. es wurde nach 135 n. Chr. gebaut. Die Stätte des Verhörs verlegt eine andere Tradition seit der Kreuzfahrerzeit ebenfalls auf die Höhe des Zion. Spätestens am Beginn des 6. Jh. errichtete man hier etwa auf halbem Weg zwischen Zionstor und Abendmahlssaal eine Kirche, an deren Stelle heute eine Kapelle der armenischen Christen aus dem 15. Jh. steht. Auch nach Josephus befand sich der Hohepriester-Palast in der Oberstadt. Neuere Grabungen haben darüber zwar noch keine Klarheit gebracht, wohl aber einen Einblick in die luxuriösen Wohnverhältnisse dieser Gegend gegeben. Am Osthang des Zion, nur 170 m vom Tempel entfernt, fand man die Überreste einer Villa, die nach einer Inschrift der Bar-Kathros-Familie gehörte, die auch schon den Hohepriester gestellt hatte.

Die Soldaten verhafteten Jesus und führten ihn zum Palast des Hohenpriesters. Petrus folgte ihnen in sicherem Abstand. Im Hofe des Palastes zündeten sie ein Feuer an, um sich zu wärmen. Auch Petrus setzte sich zu ihnen. Im Schein des Feuers bemerkte ihn ein Dienstmädchen und sah ihn sich genau an. „Der Mann war auch bei Jesus!" rief sie. Doch heftig widersprach Petrus: „Ich kenne den Mann überhaupt nicht." Nach etwa einer Stunde behauptete noch jemand: „Der hier gehört zu den Männern, die bei Jesus waren; man hört doch gleich, daß er auch aus Galiläa kommt." Aber aufgebracht entgegnete Petrus: „Ich weiß gar nicht, wovon du redest." Während er das sagte, krähte ein Hahn. In demselben Augenblick wandte sich Jesus um und sah seinen Jünger an.

Lukas 22,54–57.59–61

Weil die eigentliche Gerichtsverhandlung erst am nächsten Morgen einberufen werden konnte, diente das nächtliche Verhör vor allem dazu, Gründe für ein Urteil zu suchen, das schon längst feststand[63]. Zur selben Zeit lief im Hof des Palastes ein „Prozeß" ab, bei dem sich der Angeklagte selbst das Urteil sprach. Petrus wurde an seinem Dialekt als Galiläer erkannt[64] und von Augenzeugen als Jünger Jesu identifiziert. Um sein Leben zu retten, stritt Petrus ab, Jesus überhaupt zu kennen. Doch als ihn ein Blick seines Herrn traf, erinnerte er sich an dessen Voraussage. Dem Mann der großen Worte blieb nur noch ein verzweifelter Weinkrampf[65].

Ungeachtet dieses Treuebruchs hielt Jesus an der Zusage fest, die er Petrus zuvor gegeben hatte. Er sollte der erste Stein im Bau des neuen Gottesvolkes[66], der völkerumspannenden christlichen Gemeinde werden. Der erste Jünger, dem Jesus nach seiner Auferstehung begegnete und dessen Bericht die anderen aufrüttelte, war Petrus[67]. Derselbe Mann, der sich aus Angst vor einer Sklavin zu einer schamlosen Lüge hinreißen ließ[68], wurde zu einem unerschrockenen Botschafter für Jesus.

Petrus starb 65 n. Chr. als Märtyrer bei der brutalen Verfolgung, die Nero in Rom gegen die Christen inszenierte. Er ist eins der überzeugendsten, wenn

[58]Matth. 26,51. [59]Matth. 26,55. [60]Matth. 26,52. [61]Röm. 13,1–7. [62]Matth. 26,54. [63]Luk. 22,1–2. [64]Matth. 26,73. [65]Luk. 22,62. [66]Matth. 16,18. [67]Luk. 24,33–34; 1. Kor. 15,5. [68]Luk. 22,56.

auch bei weitem nicht das einzige Beispiel dafür, wie radikal der Auferstandene Menschen verändern kann. Selbst schwere charakterliche Mängel, mit denen Petrus auch später noch kämpfen mußte[69], sind letztlich kein Hindernis für Jesu umgestaltendes Wirken.

Der Prozeß vor dem Sanhedrin

Der offizielle religionsgesetzliche Prozeß gegen Jesus fand vor der Vollversammlung des Sanhedrin statt (siehe S. 27). Die antiken Angaben über seinen Tagungsort gehen auseinander. Nach Josephus lag das Amtsgebäude da, wo die alte Stadtmauer den Tempel erreichte, nachdem sie am „Xystus" vorbeigeführt hatte. Der „Xystus" war ein freier, von Säulengängen umgebener Platz, auf dem Wettspiele und Volksversammlungen stattfanden. Von diesem Platz führte eine Brücke über das Tyropoion-Tal zum Tempelplatz. Ihre erhaltengebliebenen Bögen (Wilson-Arch) bilden heute das Gewölbe einer Synagoge, die links von der Klagemauer (siehe S. 28) liegt. Ungefähr auf dem heutigen Platz vor der Klagemauer müßte man den Versammlungsort suchen. Nach der Mischna, einer jüdischen Rechtssammlung vom Ende des 2. Jh., kam der Sanhedrin in der „Quaderhalle" im inneren Vorhof des Tempels zusammen. Die Mischna weiß aber auch von einem Ortswechsel, den sie gerade um die Zeit des Prozesses Jesu datiert.

Damals besaßen im Sanhedrin die Sadduzäer (siehe S. 27) die überwältigende Mehrheit. Als Hoherpriester (siehe S. 26) amtierte Kaiphas[70], dem es durch geschicktes Taktieren gelang, sich über die Rekordzeit von neunzehn Jahren im Amt zu halten. Für die Sadduzäer war Jesus ein politisches Problem. Sie fürchteten nämlich, daß sich seine zahlreichen Anhänger zu Unruhen hinreißen lassen könnten, was unweigerlich harte Gegenmaßnahmen der Römer nach sich ziehen mußte[71]. Solange die innere Lage stabil blieb, gewährte die Besatzungsmacht dem Sanhedrin weitgehende Selbstverwaltungsrechte, die er nicht aufs Spiel setzen wollte. Dazu kam noch, daß Jesu Worte über die drohende Zerstörung des Tempels gerade gegen jene Institution gerichtet waren, der die Sadduzäer letztlich ihren Einfluß und Reichtum verdankten[72].

Aber auch die meisten Mitglieder der pharisäischen Minderheit im Sanhedrin muß man zu den Gegnern Jesu rechnen. Sie hatten allerdings andere Gründe. Mit seiner Freiheit gegenüber dem Sabbatgebot[73], seiner souveränen Haltung zum mosaischen Gesetz[74] und seiner offenen Kritik an den Zusatzbestimmungen der Schriftgelehrten[75] gefährdete Jesus ihrer Überzeugung nach die religiösen Lebensgrundlagen des jüdischen Volkes. Auf diese Weise kam es zu einer Zweckkoalition der Pharisäer mit den ihnen sonst so verhaßten Sadduzäern. Kaiphas gab die gemeinsame Parole aus: „Es ist besser, wenn ein Mensch für das Volk stirbt und nicht das ganze Volk zugrunde geht"[76]. Kaiphas sollte auf unerwartete Weise recht bekommen.

Seit Judäa 6 n. Chr. unter direkter römischer Verwaltung stand, durfte die Todesstrafe nur vom Statthalter verhängt werden[77]. Der zur Zeit Jesu regierende Prokurator Pilatus hatte aber nicht das geringste Interesse, sich in innerjüdische Streitigkeiten einzumischen. Jesu Gegner wußten, daß nur dann ein Todesurteil von Pilatus zu erlangen war, wenn man ihn von drohenden politischen Verwicklungen überzeugen konnte. Aus messianischen Ansprüchen Jesu ließ sich leicht eine Verschwörertheorie konstruieren. Deshalb wurde die Messiasfrage zum zentralen Punkt der Anklage. Jesus bejahte die Frage in einer Weise, die jede gewaltsame Durchsetzung seines Anspruchs abwies: Nicht Revolutionäre würden ihn an die Macht bringen, sondern Gott selbst vom

Als erstes fragten sie ihn: „Bist du nun der Messias, der verheißene Retter, den Gott unserem Volk schicken wollte, oder bist du es nicht?" Jesus erwiderte: „Ihr glaubt mir doch nicht, was ich euch sage... Aber jetzt kommt die Zeit, daß der Menschensohn auf dem Ehrenplatz an der rechten Seite Gottes sitzen wird." Entsetzt schrien alle: „Willst du damit etwa sagen, daß du der Sohn Gottes bist?" Jesus antwortete: „Ihr habt recht, ich bin es!"

Lukas 22,67–70

Der Wilsonbogen (nach seinem Entdecker benannt) gehörte zu einer Brücke, die den Tempelberg mit der Stadt verband. Der Bogenansatz ist nahe der Klagemauer bei der Mauersynagoge zu sehen.

69 Vgl. Gal. 2,11–14. 70 Vgl. Matth. 26,57; Joh. 18,13. 71 Joh. 11,47–48. 72 Mark. 14,58. 73 Matth. 12,1–14. 74 Matth. 19,8–9. 75 Matth. 15,1–14. 76 Joh. 11,50. 77 Joh. 18,31.

Modell der Burg Antonia.

Die Mitglieder des Hohen Rates ließen Jesus zu dem römischen Gouverneur Pilatus bringen. Dort beschuldigten sie ihn: „Dieser Mensch hetzt unser Volk auf. Er redet den Leuten ein, daß sie an die römische Regierung keine Steuern zahlen sollen, und behauptet von sich, er sei der neue König, den Gott selbst geschickt hat.“

Lukas 23,1–2

Himmel her eingreifen[78]. Aber die Versammlung verzichtete auf eine wirkliche Klärung. Es genügte ihr, daß viele Zeugen Jesu messianisches Bekenntnis gehört hatten. Der Weg zu einer Anklage vor Pilatus war frei.

Vor Pilatus im Prätorium

Über den Ort des politischen Verfahrens vor Pilatus gibt es sehr unterschiedliche Überlieferungen. Bemerkenswert ist aber, daß der älteste Pilgerbericht vom Beginn des 4. Jh. den Sitz des Statthalters auf den westlichen Stadthügel verlegte. Für lange Zeit setzte sich dann jedoch die Tradition durch, die Pilatus in der Burg Antonia residieren ließ. Diese Festung wurde unter Herodes dem Großen an der Nordwestecke des Tempels erbaut. Später besetzten sie die Römer mit einer Garnison, weil sie von hier aus den Tempelplatz überwachen konnten. Bei Tumulten wie etwa dem Lynchversuch an Paulus[79] konnten sie sofort eingreifen. Auf dem an mehreren Stellen sichtbaren Festungsfelsen steht heute eine große mohammedanische Schule.

Aus den Berichten des Philosophen Philo, eines Zeitgenossen Jesu, und des etwas später lebenden Historikers Josephus muß man aber schließen, daß Pilatus dem Brauch der anderen Statthalter folgte und bei Jerusalem-Besuchen im ehemaligen Königspalast residierte. Dafür kommen zwei Gebäude in Betracht. Überlieferungen des 4. – 6. Jh. suchen die Residenz des Pilatus im ehemaligen Hasmonäer-Palast, den sich Herodes d. Gr. angeeignet hatte. Dieser Palast muß oberhalb des heutigen Platzes vor der Klagemauer gestanden haben, vielleicht auf dem Gelände des deutschen Kreuzfahrerhospizes St. Marien, dessen Überreste wieder besichtigt werden können. Ab 23 v. Chr. wohnte Herodes allerdings in einem anderen Palast, den er sich auf der höchsten Stelle (771 m) des Westhügels hatte errichten lassen. Der Nordteil bestand aus drei miteinander verbundenen mächtigen Festungstürmen. Sie standen südlich des heutigen Jaffa-Tores auf dem Gelände der alten türkischen Zitadelle, die auch fälschlich Davidsburg genannt wird und gegenwärtig als Polizeikaserne dient. Einer der Türme mit Namen Phasael ist in seinem Unterteil gut erhalten. Neuere Grabungen haben weitere herodianische Mauern und Reste einer hasmonäischen Festung zutage gebracht. Der eigentliche Palastbau mit seinen großzügigen Gartenanlagen lag auf dem Gelände des heutigen Armenischen Gartens, wo mächtige Fundamentkonstruktionen aufgefunden wurden. Von seiner Residenz aus konnte Herodes die ganze Stadt überblicken und über ein ausgeklügeltes Signalsystem Verbindung zu jedem Punkt des Festungsgürtels um die Stadt aufnehmen.

Die Evangelisten nennen den Prozeßort ausdrücklich „Prätorium“, womit der Sitz des Statthalters bezeichnet wurde. Jesus stand Pilatus also in einem der Herodes-Paläste gegenüber. Der Statthalter hatte sein Amt 25 n. Chr. als Günstling des einflußreichen Gardegenerals Sejan, der aus seinen antisemitischen Meinungen keinen Hehl machte. Auch Pilatus ließ sich manche Schikanen einfallen, um die jüdische Bevölkerung zu reizen. Im Prozeß gegen Jesus wirkte der sonst so rücksichtslose Machthaber allerdings unsicher und hilflos. Im Herbst 31 sollte sein Gönner Sejan stürzen, und das scheint damals bereits seine Schatten vorausgeworfen zu haben.

Pilatus wußte bald, daß Jesus kein gewaltsamer Aufrührer war. Er hätte ihn also freigeben müssen. Aber auf der anderen Seite stand er unter dem politischen Druck der jüdischen Führer[80], mit denen er es sich in dieser gespannten Lage nicht verderben wollte. Pilatus versuchte erst, sich zwischen den beiden Ansprüchen durchzulavieren, um einer klaren Entscheidung auszuweichen. Dazu gehörte auch sein Versuch, Herodes Antipas, den Landesherrn Jesu, in den Prozeß einzubeziehen.

[78]Luk. 22,69. [79]Apg. 21,27–37. [80]Luk. 23,2–5.

Jesus und Herodes

Pilatus nutzte den Prozeß gegen Jesus als Gelegenheit, sein gespanntes Verhältnis zu Herodes Antipas zu verbessern. Offensichtlich hatte er ihn beim letzten Passah durch sein brutales Vorgehen gegen galiläische Festpilger verstimmt[81]. Nun zeigte Pilatus dem Fürsten, daß er im Verfahren gegen den Galiläer Jesus Wert auf sein Urteil legte, auch wenn es für ihn absolut unverbindlich blieb. Lukas hat wohl durch Manaen, einem ehemaligen Freund des Herodes, der später Christ wurde[82], von der Begegnung des Herrschers mit Jesus erfahren. Der vom Hofleben gelangweilte Herodes hoffte, endlich einmal etwas Außergewöhnliches zu erleben. Er erwartete ein Wunder[83]. Aber bloße Sensationslust läßt Jesus ohne Antwort. Als Spottkönig ausstaffiert schickte ihn Herodes zurück. Damit gab er Pilatus gegen den Sanhedrin recht: Von diesem Mann war kein Umsturzversuch zu befürchten. Auch skrupellose Machthaber können Freundschaft schließen. Hier wurde sie mit zynischem Spott gegen einen Wehrlosen besiegelt[84].

Pilatus unternahm einen weiteren Versuch, Jesus zu retten, ohne es sich mit

Herodes war gespannt darauf, Jesus kennenzulernen. Denn er hatte viel von ihm gehört und hoffte, Jesus würde vor seinen Augen ein Wunder vollbringen. Der König stellte Frage um Frage, aber Jesus gab ihm keine einzige Antwort.
Lukas 23,8–9

[81]Vgl. Luk. 13,1–3. [82]Apg. 13,1. [83]Luk. 23,8–9. [84]Luk. 23,11–12.

Herodes der Große hatte nahe dem heutigen Jaffa-Tor eine starke Festung bauen lassen, von wo aus die ganze Stadt zu überblicken war.

Im Kloster der Zionsschwestern wird ein Steinpflaster gezeigt, in das römische Soldaten verschiedene Spiele eingeritzt haben. Vgl. auch Seite 80/81.

den Hohenpriestern zu verderben. Auch die Mischna scheint den Brauch einer Osteramnestie zu kennen. Um einen förmlichen Freispruch zu vermeiden, schlug Pilatus Jesus zur Begnadigung vor. Es fiel den Hohenpriestern nicht schwer, durch gekaufte Mittelsmänner die zelotisch (siehe S. 23) gesinnten Massen gegen Jesus aufzuwiegeln[85], da er ja dem entschlossenen, heimlich bewunderten Revolutionär Barabbas gegenüberstand[86]. Vor dem Palast des Statthalters fiel damals eine klare Mehrheitsentscheidung, aber sie hatte mit Wahrheit nichts zu tun. Ein Unschuldiger wurde verdammt, ein überführter Mörder freigelassen.

Die Verurteilung auf dem „Hochpflaster"

Der Bericht des Johannesevangeliums stimmt mit der römischen Rechtsbestimmung überein, wonach eine Verurteilung nur unter freiem Himmel oder auf einem der Öffentlichkeit zugänglichen, überdachten Platz ausgesprochen werden durfte. Der Evangelist nennt eine irgendwie erhöhte Stelle; denn das bedeutet der aramäische Ausdruck „Gabbatha"[87]. Der griechischen Bezeichnung Lithostroton nach muß es sich um einen gepflasterten Platz gehandelt haben, auf dem der Richterstuhl des Statthalters aufgestellt wurde.

In den Jahren 1931 bis 1937 wurde bei Ausgrabungen unter dem Kloster der Zionsschwestern ein Pflaster aus großen Kalksteinen gefunden, auf dem römische Soldaten verschiedene Spiele eingeritzt hatten. Der Ausgräber brachte es mit der nicht weit entfernten Burg Antonia in Verbindung und setzte es mit dem von Johannes genannten Hochpflaster gleich. Doch neuere Untersuchungen haben gezeigt, daß dieses Pflaster über einem bis 70 n. Chr. offenen Doppelteich liegt und außerdem mit dem Ecce-Homo-Bogen zusammenhängt, der in seinem Unterteil aus der Zeit Hadrians stammt. Weil überdies die Festung Antonia als Residenz des Pilatus ausscheidet, muß man auch das Hochpflaster bei einem der Herodes-Paläste suchen.

Pilatus unternahm noch einen letzten Versuch, Jesus zu retten, als er ihn geißeln ließ. Manch einer hat die Schläge mit schweren Lederpeitschen, in die Bleistücke eingeflochten waren, nicht überlebt. Der Statthalter hatte wohl gehofft, der Anblick des durch die grausame Tortur entstellten Gefangenen werde den Zorn der Ankläger in Mitleid verwandeln. Aber er hatte sich getäuscht. Mit den Worten „Das ist der Mensch" führte Pilatus Jesus den jüdischen Führern erneut vor[88]. Für den Evangelisten war dieser Ausspruch von hintergründiger Bedeutung: Diese Jammergestalt ist für immer das Maß alles Menschlichen. Der neue Mensch, um den sich die Ideologen und Zukunftsmacher mühen, trägt ein für alle Mal den Namen Jesus von Nazareth.

Weil die Sanhedrin-Mitglieder hart blieben, mußte Pilatus klar für oder gegen Jesus Stellung nehmen. Sein schlechtes Gewissen versuchte er durch den Hinweis auf seine unbegrenzte Verfügungsgewalt zu überspielen. Aber Jesus wies ihn und alle selbstherrlichen Machthaber in die Schranken: Jeder von ihnen hat nur so viel Macht, wie Gott ihm zugesteht[89]. Das Verhalten des Pilatus zeigt, wie töricht es war, das jüdische Volk allein mit der Schuld am Tod Jesu zu belasten. Der Statthalter stand vor dem klassischen Konflikt, sich zwischen Recht und Machtinteresse entscheiden zu müssen. Er fürchtete jüdische Intrigen, die ihn um seinen Ehrentitel „Amicus Caesaris" (Freund des Kaisers) bringen konnten[90]. Deshalb opferte er am Ende aus Sorge um seine Karriere einen Unschuldigen. Mit Pilatus hatte sich auch der Repräsentant der heidnischen Weltmacht Rom gegen Jesus entschieden.

Aber natürlich bleibt auch die Schuld der jüdischen Zeitgenossen[91]. Un-

Aber die Hohenpriester und die anderen Juden fingen beim Anblick Jesu an zu schreien: „Ans Kreuz! Ans Kreuz mit ihm!" – „Dann nehmt ihr ihn doch und kreuzigt ihn!" rief daraufhin Pilatus. „Denn ich bin überzeugt: Er ist unschuldig!" „Nach unserem Gesetz aber muß er sterben", entgegneten die Juden, „denn er hat behauptet, er sei der Sohn Gottes."

Johannes 19,6–7

[85]Matth. 27,20. [86]Luk. 23,13–19. [87]Joh. 19,13. [88]Joh. 19,5. [89]Joh. 19,10–11. [90]Joh. 19,12. [91]Joh. 19,11.

heimlich erscheint uns der Ausspruch der sadduzäischen Führer: „Wir haben keinen König außer dem Kaiser“[92]. Damit erteilten sie nicht nur der Messiashoffnung, sondern auch dem alttestamentlichen Glaubenssatz eine offene Absage, wonach nur Gott selbst König über Israel sein darf[93]. Dazu waren die pharisäischen Mitglieder des Sanhedrin zwar nicht bereit. Aber indem sie der Verurteilung Jesu zustimmten, verweigerten sie sich dem Weg, auf dem Gott seine Königsherrschaft aufrichten will. So gibt es unter den Akteuren beim Prozeß Jesu nur Schuldige: Die machtbesessenen Sadduzäer, die für Gottes Handeln verschlossenen Pharisäer, den gewissenlosen Statthalter, die sadistische Soldateska, die versagenden Jünger und die Sympathisanten Jesu, die kein offenes Wort wagten. In welcher dieser Gruppen finden wir unsere Haltung gegenüber Jesus wieder?

Mit einem Stock schlugen sie Jesus auf den Kopf, spuckten ihn an und knieten vor ihm nieder, um ihn zu verspotten. Als sie davon genug hatten, zogen sie ihm den roten Mantel wieder aus und gaben ihm seine eigenen Kleider zurück. Jetzt führten sie ihn zur Kreuzigung ab. Unterwegs begegnete ihnen Simon aus Kyrene... Simon kam gerade von seinem Feld zurück, als ihn die Soldaten zwangen, das Kreuz zu tragen.
Markus 15,19–21

Der Weg zum Kreuz

Tausende von Christen ziehen jedes Jahr durch die Via Dolorosa, um des letzten Leidensweges Jesu zu gedenken. Der Verlauf dieses Kreuzweges mit seinen einzelnen Stationen bildete sich im 13. Jh. heraus. Die Via Dolorosa beginnt am Ecce-Homo-Bogen[94] und endet an der Grabeskirche. Weil aber die Burg Antonia als Verurteilungsort ausscheidet, muß auch der Kreuzweg anders verlaufen sein.

Jesus war nicht mehr fähig, den Querbalken seines Kreuzes alleine zu schleppen. Das wäre auch bei einem sehr robust gebauten Mann nur allzu verständlich. Jesus wurde mehrere Male gefesselt durch die ganze Stadt geschleppt. Die Nacht hindurch hatten pausenlose Verhöre und Mißhandlungen abgewechselt. Zum Schluß brach die Geißelung seine körperliche Kraft. Die römischen Legionäre griffen deshalb wahllos jemanden auf, der gerade von der Feldarbeit zurückkam, und zwangen ihn, den Kreuzbalken zu tragen. Der Name des Kreuzträgers Simon wird uns genannt, weil sein Sohn Rufus später zur christlichen Gemeinde in Rom gehörte[95], in der Markus um 65 n. Chr. sein Evangelium schrieb. Möglicherweise hat man 1942 im Kidron-Tal die Grabstätte seines anderen Sohns Alexander gefunden. Vermutlich ist auch Simon selber Christ geworden. Jesus hat also selbst in seinen letzten Stunden noch damit begonnen, Menschen zu gewinnen. Die Gestalt des Simon, der Jesus sein Kreuz nachträgt, wurde zum Symbol für das Leben eines jeden Christen.

Die Kreuzigung auf Golgatha

Archäologische Untersuchungen der letzten Jahre werfen erstaunliches Licht auf die neutestamentlichen Berichte von der Kreuzigung Jesu. Bis zu zehn Meter unter dem Niveau der Grabeskirche liegt die Sohle eines Steinbruchs. In der Mitte des Bruchs stießen die Arbeiter auf minderwertiges Gestein, das sie nicht abbauten. So entstand ein künstlicher Hügel. Weil er offenbar die Form eines Schädels hatte, wurde er in der aramäischen Umgangssprache „Golgatha“ genannt[96]. Nicht weit von der Stadtmauer gelegen[97], eignete sich diese Stätte besonders gut für eine spektakuläre Hinrichtung. Sensationslüsterne Jerusalemer konnten nämlich von der Mauer herunter wie in einer Arena zusehen. Außerdem muß sich ganz in der Nähe ein stark benutztes[98] Stadttor befunden haben[99].

Mit Jesus wurden zwei Verbrecher vor die Stadt geführt, zu der Stelle, die „Schädelstätte“ heißt. Dort wurden alle drei gekreuzigt. Jesus in der Mitte und die beiden anderen an den Kreuzen rechts und links von ihm. Oben am Kreuz nagelten sie dann ein Brett an. Damit jeder es lesen konnte, stand dort in verschiedenen Sprachen: „Dies ist der König der Juden!“...
Lukas 23,32.38.

[92]Joh. 19,15. [93]1. Sam. 8,4–8. [94]Joh. 19,5. [95]Mark. 15,21; vgl. Röm. 16,13. [96]Mark. 15,22. [97]Vgl. Joh. 19,20. [98]Matth. 27,39.

Auch wenn Golgatha also ein idealer Platz für Exekutionen mit Öffentlichkeitswirkung war, so diente er doch sicher nicht als regelmäßige Richtstätte. Ein frommes Sanhedrin-Mitglied wie Joseph von Arimathia hätte sonst kaum in unmittelbarer Nähe eine Grabkammer anlegen lassen[100]. Wollte Pilatus durch die Wahl dieses Ortes die Juden wieder etwas reizen oder ein besonders deutliches Exempel statuieren? Auf jeden Fall war das Kreuz Jesu nicht zu übersehen.

Die Kreuzigung ist eine der scheußlichsten Hinrichtungsarten, die sich Menschen ausgedacht haben. Das demonstrieren in eindrucksvoller Weise Gräberfunde aus der Zeit Jesu, die in den letzten Jahren in der Umgebung Jerusalems gemacht wurden. Nach unseren Kenntnissen ging eine Kreuzigung in der Regel so vor sich: Der Verurteilte wurde zur Entehrung ausgezogen. Dann nagelte man ihn an einen Balken, indem man starke Nägel durch den Unterarm schlug. Anschließend wurde dieser Querbalken an einem in den Boden gerammten ca. zwei Meter hohen Pflock hochgezogen. Auch die Füße des Verurteilten wurden meist angenagelt.

Bedingt durch diese abnorme Körperhaltung sackte das Blut langsam in die unteren Gliedmaßen ab. Wenn es das Herz nicht mehr erreichte, brach der Kreislauf zusammen, und der Tod trat ein. Bei diesem Sterben blieben die Verurteilten meist bis zum allerletzten Augenblick bei Besinnung. Die Existenzangst, die einem Kreislaufkollaps vorausgeht, ist vielleicht das stärkste Angstgefühl, das ein Mensch erleiden kann. Um diese Todesangst möglichst oft herbeizuführen, dachte man sich eine sadistische „Lebenshilfe" aus. In Sitzhöhe wurde ein kleines Brett angebracht, das zu schmal war, um länger darauf ausruhen zu können. Ein paar Augenblicke des Sitzens reichten aber aus, um kurz vor dem Kollaps den Kreislauf wieder in Gang zu bringen, so daß der Todeskampf von neuem beginnen mußte.

Es war wirklich so, wie der berühmte römische Philosoph Seneca sagte: Der Verurteilte hauchte seine Seele tropfenweise aus.

Die Römer hatten die Kreuzigungsstrafe für ihre eigenen Bürger verboten. Sie schien ihnen aber geeignet, nicht bloß Sklaven, sondern auch allen politischen Gegnern ihrer Herrschaft das Fürchten zu lehren. So war es nichts Außergewöhnliches, als am Nachmittag des 7. April im Jahre 30 n. Chr. auf Golgatha drei Männer gekreuzigt wurden. In Palästina gärte revolutionäre Unruhe. Zwei der Verurteilten hatten an einem bewaffneten Umsturzversuch teilgenommen[101]. Von dem Mann, der zwischen ihnen hing, war allerdings bekannt, daß er noch nie zum Schwert gegriffen hatte. Er behauptete allerdings, der von den alttestamentlichen Propheten angekündigte König zu sein, der am Ende der Zeiten über Israel und die Heiden herrschen wird. Dieser Messiasanspruch schien den jüdischen Führern gotteslästerlich[102] und dem römischen Statthalter politisch brisant. Darum wurde Jesus von Nazareth hingerichtet.

Doch diesmal verlief einiges anders als bei einer „normalen" Kreuzigung. Als der Mann in der Mitte von den jüdischen Theologen aufgefordert wurde, seine Schuld einzugestehen, um so wenigstens noch sein ewiges Leben zu retten, da lehnte er ab. Aber auch kein Fluch kam über seine Lippen. Er bat Gott um Verzeihung für seine Peiniger[103]. In den unbarmherzigen Spott der Soldaten und der Zuschauer mischten sich seine Gebetsworte. Als die Festpilger beim Abendgebet auf dem Tempelplatz den Psalm 31 anstimmten, betete Jesus mit. Er kam aber nur bis zum Vers 6, den er in bezeichnender Form abänderte: „Vater, in deine Hände befehle ich meinen Geist!"[104] Bis zum letzten Augenblick hielt Jesus daran fest, Gott seinen Vater zu nennen und so sein unbegrenztes Vertrauen zu ihm auszusprechen.

[99]Vgl. Hebr. 13,12. [100]Joh. 19,41. [101]Vgl. Luk. 23,41. [102]Vgl. Matth. 26,63–66. [103]Luk. 23,34. [104]Luk. 23,46.

Jerusalem zur Zeit Jesu

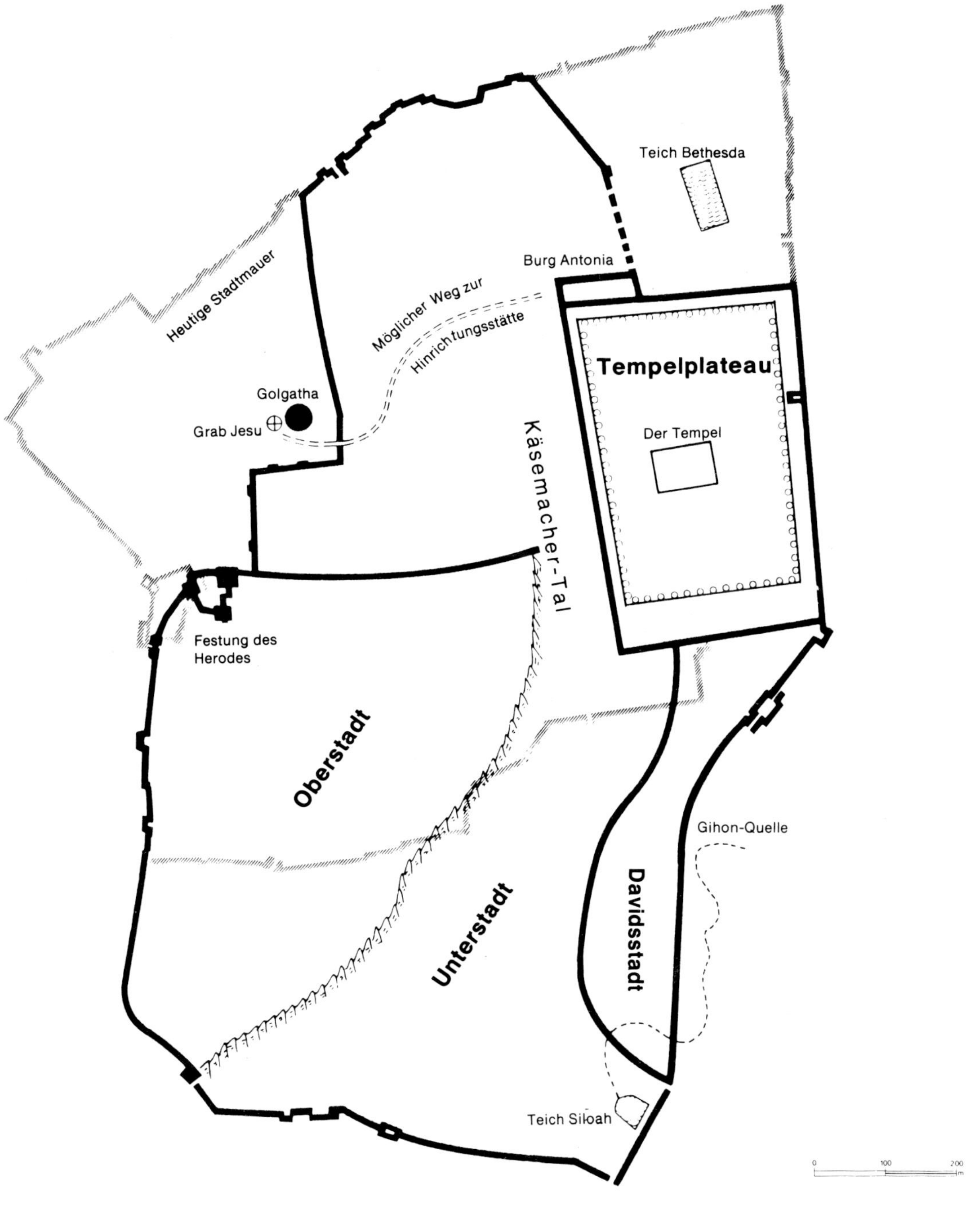

Seite 87: Das Christenviertel der Altstadt mit der Grabeskirche.

Der Tod Jesu war mit außergewöhnlichen Vorfällen verbunden, von denen wir nicht nur aus den Evangelien[105] wissen. Nach der rabbinischen Überlieferung gab es vierzig Jahre vor der Tempelzerstörung, also genau im Jahr 30 n. Chr., erschreckende Vorkommnisse im Tempel. Auch Josephus berichtet, daß während einer Passahzeit sich die massive Erztür im Ostflügel des inneren Heiligtums von selbst öffnete. Von einer Verfinsterung der Sonne wußte der samaritanische Historiker Thallus, der um 52 n. Chr. schrieb. Mit all diesen Vorzeichen deutete Gott an, daß er in Kürze das Todesurteil gegen Jesus durch dessen Auferweckung aufheben würde. Die Tafel, die man ans Kreuz über Jesus angenagelt hatte[106], nannte keinen lästerlichen Anspruch. Hier starb wirklich der von Israel seit Jahrhunderten erhoffte König der Endzeit.

Die gaffenden Jerusalemer begannen damals zu ahnen, daß hier nicht irgendeiner hingerichtet wurde[107]. Der Anführer des Exekutionskommandos mußte es laut aussprechen: So wie Jesus stirbt kein Verbrecher[108]. Doch am tiefsten erfaßte einer der beiden Mitgekreuzigten, was da geschah. Das schuldlose, gläubige Sterben Jesu führte ihn zur Reue über seine terroristischen Untaten. Er glaubte, daß Jesus das Recht hat, ihn in die kommende neue Welt Gottes aufzunehmen. Diese Vollmacht besitzt der Mann aus Nazareth auch heute noch. Selbst mit der dunkelsten Vergangenheit und in der hoffnungslosesten Situation können wir sie für uns in Anspruch nehmen.

Das leere Grab

Unter dem zum Christentum übergetretenen Kaiser Konstantin wurde über der Stelle, wo man die Hinrichtungs- und Begräbnisstätte Jesu suchte, eine mächtige Basilika erbaut. Die im Jahr 335 n. Chr. eingeweihte Grabeskirche – von den orthodoxen Christen treffender mit ihrem alten Namen „Auferstehungskirche" genannt – hatte eine überaus wechselvolle Geschichte. Den konstantinischen Bau zerstörten 614 die Perser. Erst neuere Untersuchungen haben uns einen zutreffenden Eindruck von seiner großzügigen Anlage vermittelt. Wenige Jahre später konnte der Abt Modestus von Bethlehem mit dem Wiederaufbau beginnen, der allerdings in bescheidenerem Rahmen voranging.

Diese sogenannte „Konstantinsbasilika" ließ der geisteskranke Kalif Hakim von Ägypten 1009 völlig zerstören. Doch sehr bald (1048) gelang es Kaiser Monomachos von Byzanz, von den Nachfolgern dieses Kalifen die Erlaubnis für einen nochmals kleineren Wiederaufbau zu erhalten. Die Kreuzfahrer vergrößerten dann diese Kirche, doch die konstantinische Pracht wurde nicht wieder erreicht. Die Form des 1149 eingeweihten Kreuzfahrerbaus versucht man seit 1962 wiederherzustellen. Erst nach längeren Streitigkeiten hatten sich die sechs Besitzerkonfessionen (Griechen, Lateiner, Kopten, Äthiopier, Armenier und syrische Jakobiten) darauf einigen können.

Nachdem das alles geschehen war, bat Joseph von Arimathia um die Erlaubnis, den toten Jesus vom Kreuz abnehmen zu dürfen. Er glaubte insgeheim an Jesus, doch hatte er das bisher verschwiegen, weil er vor den Juden Angst hatte. In der Nähe der Hinrichtungsstätte lag ein Garten. Dort war ein in Fels gehauenes, bisher noch nicht benutztes, neues Grab. In dieses Grab legten sie Jesus…

Am ersten Tag nach dem Sabbat, früh am Morgen, als es noch dunkel war, ging Maria Magdalena zum Grab. Als sie sah, daß der Stein nicht mehr vor dem Eingang des Grabes lag, lief sie zu Simon Petrus und dem anderen Jünger, den Jesus besonders liebte. Aufgeregt berichtete sie ihnen: „Sie haben den Herrn aus dem Grab geholt, und wir wissen nicht, wohin sie ihn gebracht haben."

Johannes 19,38.41–42; 20,1–2

Der heutige Besucher fühlt sich angesichts der Überfülle verschiedener Gebäudeteile und Stilformen, dem Gewirr von Ikonen und Leuchtern verwirrt, manchmal sogar abgestoßen. Vielleicht beginnt er, daran zu zweifeln, hier wirklich auf dem Boden zu stehen, der so unmittelbar mit Kreuz und Auferstehung Jesu verbunden ist. Und doch reden Überlieferung und Archäologie in diesem Fall eine eindeutige Sprache. Hier sind wir tatsächlich an dem Ort, der die letzten Stunden Jesu und den Anbruch einer neuen Weltzeit sah.

In den ersten Jahrzehnten des Christentums konnten in Jerusalem genügend Augenzeugen ihr Wissen von der Hinrichtung und dem Begräbnis Jesu an andere weitergeben. Nur für kurze Zeit verließen die Christen im Jahr 66 wegen des jüdischen Aufstands die Stadt. Nach 135 ließ Kaiser Hadrian allerdings das

[105]Luk. 23,44–45. [106]Luk. 23,38. [107]Luk. 23,48. [108]Luk. 23,47.

Tausende von Pilgern ziehen in der Passionszeit durch die Via Dolorosa. Kreuzwegstationen erinnern an den Weg Jesu nach Golgatha.

ganze Gelände um Golgatha aufschütten und an dieser Stelle einen Tempel für die Liebesgöttin Aphrodite errichten. Sein Aussehen ist uns nicht nur durch Münzen des 2. und 3. Jh. bekannt. In der sog. „Aula der Maria Magdalena", die unmittelbar neben der großen Rotunde der Grabeskirche liegt, fand man Überreste dieser Kultstätte. Beträchtliche Teile ihrer Umfassungsmauer blieben auf dem Gelände des Kopten-Klosters und des Alexander-Hospizes erhalten. Der Bau Hadrians, der Christen am Besuch des Grabes Jesu hindern sollte, bewirkte jedoch auch, daß die Erinnerung an diesen Ort erhalten blieb. Die Aufschüttungen, auf denen der Tempel errichtet wurde, ließen die Stätte weitgehend unverändert.

Obwohl Golgatha zur Zeit Jesu außerhalb der Stadtmauern lag, begann man 326 unter der Leitung der Kaisermutter Helena mitten im Stadtgebiet von Aelia Capitolina mit den Abbruch- und Ausgrabungsarbeiten. So sicher war man sich also über die Lage von Golgatha! Wie aber sollte man feststellen, in welcher der aufgefundenen Grabanlagen Jesus gelegen hatte? Wie uns Johannes berichtet, wurde Jesus in einem *Einzel*grab beigesetzt[109]. Nach allem, was wir wissen, war das im damaligen Jerusalem eine absolute Ausnahme. Vielleicht war die Grabanlage noch nicht ganz fertiggestellt[110] gewesen und deshalb nur ein Einzelgrab vorhanden. Als die konstantinischen Ausgräber ein Einzelgrab freilegten, konnten sie jedenfalls sicher sein, das Grab Jesu gefunden zu haben. Die Hinweise der Evangelien, daß es sich um ein Bankgrab handelte[111], das im rechten Teil der Grabkammer lag[112], fanden ebenfalls Bestätigung.

Unter Kalif Hakim wurde dann im Jahr 1010 auch das Grab Jesu zerstört. Nur einige Reste der Felsbank blieben übrig, die heute mit Marmorplatten bedeckt sind. Vielen modernen Besuchern merkt man die Enttäuschung an, daß noch nicht einmal der Naturfelsen zu sehen ist. Einen besseren Eindruck davon, wie es hier zur Zeit Jesu aussah, vermittelt eine Grabanlage, die nur rund fünfzehn Meter vom Grab Jesu entfernt liegt. Sie entspricht genau den damaligen jüdischen Vorschriften und gehörte vielleicht auch dem Joseph von Arimathia. Ein weiteres Grab, das man zur Zeit Jesu in die Steilwand des Steinbruchs gehauen hatte, wurde 1885 nördlich der Grabeskirche von koptischen Mönchen gefunden.

Das Grab Jesu war mit einem Rollstein verschlossen[113], wie man sie an verschiedenen Stellen Jerusalems besichtigen kann. So z. B. nördlich der Altstadt am Grab der Königin Helena von Adiabene, die sich bei der in der Apostelgeschichte[114] erwähnten reichsweiten Hungersnot durch eine großzügige Versorgungsaktion hervorgetan hatte.

Nach Johannes[115] lag das Grab Jesu nicht sehr weit von Golgatha entfernt. Der älteste Pilgerbericht vom Beginn des 4. Jh. spricht von einem Steinwurf weit (40 m). Tatsächlich erhebt sich in etwa dieser Entfernung ein Felsen rund viereinhalb Meter über das Niveau der Grabeskirche. Ein kleines Stück dieses Felsens, der bei allen Kirchbauten unangetastet blieb, ist ein paar Schritte rechts vom Hauptportal zu sehen. Größere Gesteinsmassen sind in der Helena-Kapelle sichtbar, die unter der Grabeskirche liegt. Von der Kapelle aus führt eine Treppe zu einer Zisterne hinab, die aus der Zeit Jesu stammt und schon in frühchristlicher Zeit als Kultgrotte diente. Hier soll nach einer späteren Legende die Kaisermutter Helena Überreste des Kreuzes gefunden haben.

In einem Gnadenakt erlaubte Pilatus Joseph von Arimathia und Nikodemus, Jesus zu bestatten[116]. Die Evangelien verschweigen nicht, daß Jesus sogar im Sanhedrin heimliche Anhänger hatte, und vermitteln uns so ein differenziertes Bild von der jüdischen Führerschaft. Zwei Tage und zwei Nächte hat Jesus im Grab des Joseph gelegen. Am dritten Tag, der nach späterer christlicher Zeitrechnung ein Sonntag war, wurde das Grab leer aufgefunden. Über diese Tatsache gab es zwischen den ersten Christen und ihren Gegnern nie Streit. Vermutlich besitzen wir sogar ein zeitgenössisches amtliches Dokument, das mit den Vorgängen um das leere Grab zusammenhängen könnte. In Nazareth, dem Heimatort Jesu, fand man eine Inschrift, die 1930 veröffentlicht wurde. Sie stammt spätestens aus den ersten Regierungsjahren des Claudius (41–54 n. Chr.), kann aber auch unter Tiberius (14–37 n. Chr.) angefertigt worden sein. Sie enthält eine scharfe Warnung vor Leichenraub, der sogar mit der Todesstrafe bedroht wird. Nun wissen wir ja, daß der Sanhedrin sofort nach der Auferstehung Jesu das Gerücht verbreiten ließ, der Leichnam Jesu sei von

Ziel der Prozessionen ist die Grabeskirche, auf deren Gelände mit großer Wahrscheinlichkeit die Stätte der Kreuzigung und des Grabes Jesu zu suchen ist.

[109]Joh. 19,41. [110]Vgl. Matth. 27,60; Joh. 19,41. [111]Joh. 20,12. [112]Mark. 16,5. [113]Mark. 16,3. [114]Apg. 11,28. [115]Joh. 19,41. [116]Joh. 19,38–39.

Als sie das sagte, drehte sich Maria um und sah Jesus vor sich stehen. Aber sie erkannte ihn nicht. „Warum weinst du?" fragte er sie. „Und wen suchst du?" Maria hielt Jesus für den Gärtner und fragte deshalb: „Hast du ihn weggenommen? Dann sage mir doch, wohin du ihn gebracht hast. Ich will ihn holen." „Maria!" sagte Jesus nun. Da fuhr sie zusammen und erkannte ihn. „Rabbuni!" rief sie (Mein Meister!).
Johannes 20,14–16

seinen Anhängern gestohlen worden[117]. Aber so alt diese Verlegenheitsauskunft ist, so wenig läßt sie sich halten, auch wenn sie bis zum heutigen Tage immer neu wiederholt wird.

Die Auferstehung

Am Ende des vorigen Jahrhunderts suchte der englische General Gordon aufgrund allegorischer Spekulationen die Hinrichtungs- und Begräbnisstätte Jesu in der Nähe der heutigen arabischen Hauptbusstation nördlich vom Damaskustor. Dieses Tor gehört mit seinen Fundamenten vielleicht zur Nordmauer der Zeit Jesu. Aber davon abgesehen, gibt es für diese Lokalisierung keinerlei historische Anhaltspunkte. Doch kann man beim sog. „Gartengrab" einen Eindruck bekommen, wie die Umgebung von Golgatha damals ausgesehen haben könnte. In eine Felswand, die ein größeres Gartengrundstück begrenzt, ist ein Grab eingehauen, das wahrscheinlich aus byzantinischer Zeit stammt. Ganz in der Nähe liegt ein felsiger Hügel, der einem skelettierten menschlichen Schädel erstaunlich ähnlich sieht. Hier gelingt es dem Besucher eher, sich das helle Licht des ersten Ostermorgens vorzustellen als in der dunklen Grabeskirche.

Die Auferstehung Jesu war ein derart ungewöhnliches und umwälzendes Ereignis, daß die Skepsis vieler Menschen verständlich ist. Die Berichte der Evangelien tragen jedoch nicht den Charakter der späteren Legenden, die sich in phantasievollen Ausmalungen des Geschehens ergingen. Kein Evangelist beschreibt den Vorgang der Auferstehung, denn dafür gab es ja keine Augenzeugen. Dagegen berichten alle Evangelien einhellig, daß Jesus von Nazareth, dessen Tod das Exekutionskommando ausdrücklich festgestellt hatte[118], nach seiner Bestattung Menschen als Lebender begegnete. Die ersten, die Jesus mit solch einer Begegnung auszeichnete, waren Frauen, wie z. B. Maria Magdalena[119]. Auch das wird von den Berichten nicht verschwiegen, obwohl damals Frauen als unzuverlässige Zeugen galten, und die Gegner Jesu auf diese Weise zusätzliche Argumente bekamen.

Doch die Auferstehung wurde nicht nur von seinen Feinden bestritten. Auch unter Christen hat es in dieser Frage sehr bald Mißverständnisse und Irrtümer gegeben. So mußte sich der Apostel Paulus rund fünfundzwanzig Jahre nach den Ereignissen in der griechischen Großstadt Korinth mit einer Auffassung auseinandersetzen, die in der Auferstehung lediglich einen geistigen Vorgang sah. Doch Paulus ließ keinen Zweifel daran, daß hier nicht eine Randfrage, sondern das Zentrum des christlichen Glaubens auf dem Spiel steht. Ohne die tatsächlich geschehene Auferstehung Jesu von den Toten, bleibt alles Predigen leeres Geschwätz[120]. Für den Tatsachencharakter der Auferstehung vermochte sich Paulus auf über fünfhundert Augenzeugen zu berufen, die man befragen konnte[121].

Oft hat man versucht, die Auferstehung mit Visionen der Anhänger Jesu zu erklären: Sie hätten den Tod Jesu seelisch nicht verkraftet und sich ihn als Lebenden zurückgewünscht. Wonach sie sich mit aller Einbildungskraft sehnten, das „sahen" sie dann eines Tages und hielten für objektives Geschehen, was nur subjektive Wunschträume wären. Die beste Widerlegung dieses Erklärungsversuchs ist die Person des Apostels Paulus. Er war ein hochgebildeter, in kritischem Denken geschulter jüdischer Theologe[122]. Für Jesus und

Seite 91: Das Gartengrab liegt außerhalb der heutigen Altstadt nahe dem Damaskus-Tor.

[117]Matth. 28,11–15. [118]Joh. 19,34–35. [119]Joh. 20,11–18. [120]1. Kor. 15,14. [121]1. Kor. 15,6. [122]Apg. 22,3.

seine Gemeinde empfand er nur Haß und Verachtung. Nichts spricht dafür, daß er sich Jesus wieder lebendig gewünscht hätte. Aber eben diesem engagierten, ja fanatischen Christenverfolger trat der Auferstandene auf der Straße nach Damaskus in einer Weise entgegen, die jeden Zweifel ausschloß[123].

Die Auferstehung Jesu unterschied sich von der Wiederbelebung des Lazarus und anderer durch ihre Endgültigkeit. Damit wurde die Auferstehung zum Wendepunkt der Weltgeschichte, in der bisher das eherne Gesetz vom Werden und Vergehen herrschte. Jesus hat die Todesgrenze durchbrochen und auch all denen einen Zugang zu ewigem, unzerstörbarem Leben freigemacht, die an ihn glauben[124].

Es gibt keinen größeren Beweis für die unvergleichliche Würde jedes einzelnen Menschen als den, daß ihm Gott ewiges Leben anbietet.

Die Himmelfahrtskapelle auf dem Ölberg.

Seite 92: Der sechzig Meter hohe Glockenturm des Russischen Klosters auf dem Ölberg.

Die Himmelfahrt

Als Ort der Himmelfahrt gibt Lukas eine Wegkreuzung auf dem Ölberg in Richtung Bethanien an[125]. Diese Kreuzung könnte unterhalb der Ölbergkuppe gelegen haben, wo heute vom mittleren Ölbergweg eine Straße abzweigt, die nach Norden zur alten Römertrasse führt. Doch über die genaue Stelle gehen die altkirchlichen Überlieferungen auseinander. Seit dem 4. Jh. wird die Himmelfahrt bei der Grotte unter der Eleona-Basilika, aber auch auf einem kleinen nördlich davon gelegenen Hügel lokalisiert. Auf eben diesem Hügel ließ um 390 n. Chr. die reiche Adelige Poimenia einen Gedenkbau errichten, der 614 von den Persern zerstört, bald darauf aber im Auftrag des Jerusalemer Patriarchats wieder aufgebaut wurde. Die Kreuzfahrer ersetzten dann die baufällige Kirche durch einen 1102 vollendeten Neubau. Ihn wandelte Sultan Saladin nach der Niederlage der Kreuzfahrer bei Jerusalem (1187) in eine Moschee um, die man heute besichtigen kann.

Mit der Auferstehung Jesu von den Toten ist das unzerstörbare Leben der kommenden, neuen Welt Gottes an einem Menschen Wirklichkeit geworden. Es bleibt aber das Fernziel, die ganze Welt wieder unter die Herrschaft Gottes zu bringen. Darin findet dann auch die Verheißung des messianischen Reichs an Israel[126] ihre Erfüllung. Das Reich Gottes wird nicht irgendwo in einem nebelhaften Jenseits errichtet, sondern hier auf dieser vom Leid zerschundenen Erde. Diesen Sinn hat das Engelwort, in dem es heißt, daß Jesus bei seinem zweiten Kommen triumphierend nach Jerusalem zurückkehren wird[127]. Über den Zeitpunkt dieses endgültigen Sieges hat Jesus seinen Anhängern jede Spekulation verboten, so gewiß Gott diesen Tag auch herbeiführen wird[128].

Die Begegnungen, bei denen der Auferstandene mit seinen Jüngern wie am Anfang in Galiläa umging, waren auf eine bestimmte Zeit begrenzt. Das zeigte sich den Jüngern bei der letzten Begegnung. Jesus wurde vor ihren Augen emporgehoben und dann von einer Wolke verhüllt, dem für die alttestamentlichen Gotteserscheinungen charakteristischen Zeichen[129]. Seitdem wußten sie, daß Jesus in die unsichtbare Welt Gottes aufgenommen worden war und von dort das Geschick seiner Kirche mitbestimmt. Das letzte Wort Jesu bereitete die Jünger auf ihren weltweiten Missionsauftrag vor und versprach ihnen dafür die dynamische Kraft Gottes, den Heiligen Geist[130]. Die Wahrheit dieser Zusage hat die Christenheit seit nun fast zweitausend Jahren erlebt, und nichts deutet darauf hin, daß dieses Versprechen heute nicht mehr gilt.

Nachdem Jesus das gesagt hatte, nahm Gott ihn zu sich. Eine Wolke verhüllte ihn vor ihren Augen, und sie sahen ihn nicht mehr. Noch während sie überrascht nach oben blickten, standen auf einmal zwei weißgekleidete Männer bei ihnen. „Ihr Galiläer", sprachen sie die Jünger an, „was steht ihr hier und seht zum Himmel? Gott hat Jesus aus eurer Mitte zu sich in den Himmel genommen; aber eines Tages wird er genauso zurückkehren."

Apostelgeschichte 1,9–11

[123]Apg. 9,1–22; Gal. 1,15–17. [124]Joh. 3,16; 1. Kor. 15,20–22. [125]Apg. 1,12; vgl. Luk. 24,50. [126]Apg. 1,6. [127]Apg. 1,11; vgl. Matth. 23,39. [128]Apg. 1,7. [129]Apg. 1,9. [130]Apg. 1,8.

Jerusalem – von der Zeit Jesu bis zur Gründung des Staates Israel

Die Ereignisse um die Verurteilung und die Hinrichtung des Jesus von Nazareth hatten zu keinen grundlegenden Veränderungen im Leben der Stadt Jerusalem geführt. Unverändert herrschten die Römer über das Land. Nach den Berichten des zeitgenössischen Geschichtsschreibers Josephus erreichten Habsucht, Wucher, Korruption und Unterdrückung durch die römischen Besatzer unter dem im Jahre 64 n. Chr. ernannten Prokurator Gessius Florus sogar einen neuen Höhepunkt. Der Wille, sich von dieser unerträglichen Herrschaft zu befreien, wurde im jüdischen Volk übermächtig, und so begann 66 n. Chr. der Aufstand der Juden gegen die Römer. Dieser unglückselige Krieg dauerte fünf Jahre und endete mit der Zerstörung Jerusalems.

Was Jesus vierzig Jahre zuvor prophezeit hatte, daß nämlich kein Stein des Tempels auf dem anderen bleiben würde (Matth. 24,2) – genau das war nun eingetroffen. 134 Tage war Jerusalem belagert worden, und schon während dieser Zeit herrschte unbeschreibliche Not in der Stadt. Noch vor dem Befehl des Titus, die ganze Stadt dem Erdboden gleichzumachen, gab es Tausende von Toten. Aber auch auf die Überlebenden wartete ein grauenvolles Schicksal. Sie wurden entweder hingerichtet, als Sklaven verkauft, sie kamen bei Gladiatorenkämpfen ums Leben oder wurden bei den Spielen, die zur Feier des Sieges in Cäsarea veranstaltet wurden, den wilden Tieren vorgeworfen. Der goldene siebenarmige Leuchter aus dem Tempel in Jerusalem, die Menorah, kam als Siegestrophäe nach Rom, wo noch heute der Titusbogen an die Eroberung Jerusalems erinnert.

Masada

Nur wenige Jahre nach dem Fall Jerusalems wurde mit der Eroberung der Festung Masada durch die Römer der letzte jüdische Widerstand gegen die römische Herrschaft gebrochen.

Bei Masada am Toten Meer hatte Herodes auf einem schwer zugänglichen Berg eine Festung errichten lassen. Während des jüdischen Aufstandes war diese Festung von Zeloten, den am entschlossensten und radikalsten gegen die Römer kämpfenden Juden, erobert und zu einem stark befestigten jüdischen Heerlager ausgebaut worden. Zwei Jahre nach dem Fall Jerusalems begann die Belagerung der Festung Masada durch die X. römische Legion. Tausende jüdischer Sklaven mußten beim Bau der 200 m langen Rampe helfen, die zum Sturm der Festung aufgeschüttet wurde. Nachdem die Zeloten Masada lange Jahre verteidigt hatten, schlugen sie im Jahre 73 n. Chr. ihre letzte Schlacht. Ihr heroischer Widerstand und der Entschluß, nach der Niederlage durch einen

Der Aufstieg zur Bergfestung Masada ist auch heute noch beschwerlich. Es gibt allerdings eine Seilbahn zum Gipfel (vgl. auch S. 95).

Massenselbstmord der Gefangenschaft durch die Römer zu entgehen, gelten als Symbol jüdischen Heldentums.

Aus Jerusalem wird Aelia Capitolina

61 Jahre lang liegt Jerusalem in Trümmern. Nur wenige Bewohner der Stadt kehren zurück. Unter ihnen sind freilich die Mitglieder der christlichen Gemeinde, die vor der Belagerung nach Pella geflüchtet war.

Während des letzten großen Aufstandes der Juden gegen die römische Fremdherrschaft unter Bar Kochba im Jahre 132 ist Jerusalem noch einmal Zentrum und Ausgangspunkt des jüdischen Widerstandes. Aber im Jahre 135 wird dieser Aufstand niedergeschlagen. Kaiser Hadrian verbietet jedem Juden bei Todesstrafe, die Stadt auch nur zu betreten. Für die Christengemeinde Jerusalems bedeutet dieser Befehl, daß sie ihren jüdischen Bischof durch einen Heidenchristen ersetzen muß. Die Römer lassen die Stadt wieder aufbauen und geben ihr – um auch äußerlich die totale Vernichtung Jerusalems zu demonstrieren – den Namen Aelia Capitolina.

Die Christengemeinden in Jerusalem

Ungeachtet der im 2. und 3. Jahrhundert herrschenden Christenverfolgung wächst die Gemeinde unaufhaltsam. Nachdem sich Kaiser Konstantin zum christlichen Glauben bekennt und die Christen nicht länger der Verfolgung ausgesetzt sind, entwickelt sich Jerusalem – als die Stadt, in der Jesus lebte, lehrte, in der er starb – immer mehr zum Ziel christlicher Pilger. Die Grabeskirche wird gebaut, und im Jahre 326 besucht sogar Helena, die Mutter des Kaisers, Jerusalem.

Wechselvoll gestaltet sich das Schicksal der Christen in Jerusalem unter den jeweiligen Herrschern. Werden sie unter Kaiser Julian „dem Abtrünnigen" verfolgt, weil dieser den alten griechischen Götterglauben wieder einsetzen will, so bekennt sich bereits sein Nachfolger Jovian erneut zum christlichen Glauben, und die Christengemeinde kann sich frei entfalten. Von 350 bis 386 trägt Bischof Cyrillus, der gewaltige Prediger, wesentlich zu ihrem Wachstum bei. Nachdem sich am Ende des 4. Jahrhunderts mehrere wohlhabende christliche Familien in Jerusalem ansiedeln, können dank ihrer materiellen Hilfe Kirchen und Klöster gebaut werden.

438 kommt Kaiserin Eudocia zunächst als Besucherin nach Jerusalem, um schließlich für immer in dieser Stadt zu bleiben. Unter ihrer Schirmherrschaft werden mehrere christliche Kirchen gebaut. Erst seit dieser Zeit ist es auch den Juden wieder erlaubt, in der Stadt zu wohnen.

Nach der Teilung des Römischen Reiches gehört Palästina zum Oströmischen Reich, das von Byzanz (dem heutigen Istanbul) aus regiert wird. In dieser byzantinischen Zeit gelangen die Christengemeinden in Jerusalem zu ihrer vollen Blüte. Reiche Christen lassen Basiliken, Klöster und christliche Hospize in der Stadt errichten.

Um 614 wird die Stadt von den Persern erobert und zerstört. Erst 16 Jahre später gehört Jerusalem wieder zum byzantinischen Herrschaftsbereich. Doch

schon 637 dringen islamische Heere in Palästina ein und belagern Jerusalem. Im April 638 ergibt sich die Stadt dem mohammedanischen Kalifen Omar ibn al Katab. Wenn auch unter wechselnden Dynastien, so blieb doch die arabische Herrschaft über Palästina mehr als vier Jahrhunderte bestehen. Vor allem die Omaijaden-Kalifen prägten durch ihre Bauwerke das Bild der Stadt. 691 ließen sie auf dem Heiligen Felsen, von dem aus nach islamischer Überlieferung Mohammed in den Himmel geritten sein soll, eine prachtvolle Moschee errichten. In den letzten Jahren dieser Dynastie begann freilich auch der Niedergang Jerusalems.

Während des 10. Jahrhunderts kommt es zu starken Spannungen zwischen den einzelnen religiösen Gruppen der Stadt, also zwischen Christen, Juden und Mohammedanern. Erst als 1009 Jerusalem durch die in Kairo residierenden Fatimeden eingenommen und wieder zerstört wird, treten diese Auseinandersetzungen in den Hintergrund. Gegen Ende des 11. Jahrhunderts erobern dann die türkischen Seldschuken große Teile Palästinas, u. a. auch Jerusalem. Ihre Schreckensherrschaft führt schließlich zum Beginn der Kreuzzüge.

Jerusalem zur Zeit der Kreuzfahrer

Als die Kreuzfahrer unter der Führung Gottfrieds von Bouillon 1099 Jerusalem belagern und schließlich erobern, beginnt in der wechselvollen Geschichte Jerusalems ein völlig neues Kapitel. Für das europäische Ritterheer ist dies ein „Befreiungskrieg“; gilt es doch, die „heiligen Stätten“ des christlichen Glaubens von der Herrschaft der Heiden zu befreien und sie wieder voll und ganz den Christen zu überlassen. Dieser Einstellung entsprechend werden jetzt von den christlichen Kreuzfahrern Mohammedaner und Juden getötet, vertrieben oder als Sklaven verkauft, aber auch die Moscheen und Synagogen in christliche Kirchen umfunktioniert; wie z. B. der Felsendom.

Mächtige Pilgerströme aus Europa, die im Gefolge der Ritterheere nach Jerusalem ziehen, bewirken allein zahlenmäßig ein starkes Wachstum der Stadt. Aber auch aus kulturhistorischer Sicht wird die Entwicklung Jerusalems durch dieses bisher unbekannte, europäische Element entscheidend beeinflußt.

Daran ändert sich auch nichts, als die Stadt 1187 nach einer Belagerung durch das Heer Saladins wieder unter mohammedanische Herrschaft gerät. Vergeblich bemühen sich die Kreuzfahrerheere in fünf weiteren Kreuzzügen, Jerusalem zurückzuerobern. Über 260 Jahre gehört es zum Reich der Mameluken, und die Christen in Jerusalem haben es schwer, sich gegen den übermächtigen moslemischen Einfluß zu behaupten.

Die Osmanen

Unter ihrem Sultan Selim I. vertreiben die Türken 1517 die ägyptischen Mameluken aus Palästina. Dadurch profitiert auch Jerusalem in den folgenden 50 Jahren von der Blütezeit des Osmanischen Reiches unter Soliman dem Prächtigen. Jerusalem wird wieder aufgebaut, seine Mauern neu befestigt. Eine systematisierte Gesetzgebung trägt wesentlich zum Gedeihen der Wirtschaft und zu allgemein verbesserten Lebensbedingungen bei. Dazu kommt, daß erstmals die Rechte aller Religionen an den heiligen Stätten Jerusalems festgelegt wer-

Seite 97/98: Die prächtige Außenfassade des Felsendoms ist ebenso beeindruckend wie das Innere dieser heiligen Stätte der Mohammedaner.

den und es auf diese Weise auch im religiösen Bereich zu einer relativen Ruhe kommt.

Doch nach Solimans Tod setzt ein neuer Niedergang ein. Palästina verödet weitgehend, es ist nur noch dünn besiedelt, vernachlässigt und verarmt. Im 19. Jahrhundert hat Jerusalem z. B. nur noch etwa 10 000 Einwohner. Gesetzlosigkeit und Korruption beherrschen Stadt und Land.

Nicht weniger trostlos ist die Situation der Christengemeinden in Jerusalem. An Rom orientierte Christen streiten in erbitterter Rivalität gegen griechisch-orthodoxe Christen. So berichtet 1697 der britische Pilger Henry Maundrell voller Entsetzen aus Jerusalem über die „unchristliche Wut und Feindseligkeit, besonders zwischen den Griechen und Lateinischen, mit der die verschiedenen Sekten um den Anspruch und Besitz des Heiligen Grabes kämpfen".

Jerusalem und die Zionistische Bewegung

Nach dieser Zeit des totalen Niedergangs wurden Palästina und damit auch Jerusalem durch die Gründung der Zionistischen Weltbewegung wieder zum Gegenstand des allgemeinen Weltinteresses. Auf dem ersten Zionistenkongreß 1897 in Basel hatte Dr. Theodor Herzl diese Bewegung ins Leben gerufen. Ihr Ziel war es, durch Landkauf in Palästina für die überall verfolgten Juden eine neue Heimat zu schaffen. So sollte sich der Traum aller Juden erfüllen, „nächstes Jahr in Jerusalem" zu sein.

Nicht zuletzt durch diese Initiative war auch ein neues, starkes Interesse europäischer Machthaber an Jerusalem und der Erhaltung seiner heiligen Stätten geweckt worden, und so lassen sich – häufig mit Unterstützung europäischer Großmächte – verschiedene christliche Kirchen erneut in Jerusalem nieder. Die ständig wachsende Einwohnerzahl Jerusalems – 1914 sind es bereits wieder 80 000 – ist das äußere Zeichen für das sich neu belebende Jerusalem. Daß man dieser Entwicklung durchaus auch von palästinensischer Seite Bedeutung beimaß, zeigt sich u. a. daran, daß 1898 bei dem Staatsbesuch Kaiser Wilhelms II. in Jerusalem die Stadtmauer beim Jaffa-Tor abgerissen wurde, nur um dem Gast einen triumphalen Einzug zu ermöglichen.

Jerusalem zur Zeit der beiden Weltkriege

Während des 1. Weltkrieges kämpften die Araber gegen die mit Deutschland verbündeten Türken. Als Gegenleistung war ihnen von England die Bildung eines arabischen Nationalstaates zugesichert worden, der auch Palästina umfassen sollte. Nachdem gegen Ende 1917 britische Truppen unter General Allenby Jerusalem erobert hatten, schien der Erfüllung dieser Zusage nichts mehr im Wege zu stehen. Aber in der von der britischen Regierung im selben Jahr herausgegebenen Balfour-Erklärung hieß es, daß Großbritannien die „Errichtung einer nationalen Heimstätte für das jüdische Volk in Palästina mit Wohlwollen betrachte".

Mit dieser Zusicherung hatte sich England zwar gegen die den Arabern gegeben Zusage ausgesprochen, u. a. hatte es damit aber auch die USA zum Kriegseintritt gegen Deutschland bewegen können.

Seite 101: Blick über die Altstadt.

Außerhalb der Altstadt liegt das griechisch-orthodoxe Kreuzkloster aus dem 11. Jahrhundert.

Von 1917 bis 1948 steht Palästina unter britischem Mandat. In dieser Zeit entwickelt sich Jerusalem zu einer blühenden, wohlhabenden Stadt, die von Touristen aus aller Welt besucht wird. Der wirtschaftliche Wohlstand ist mit einer lebhaften Entwicklung in Kunst und Wissenschaft verbunden, wie die Gründung der Hebräischen Universität 1925 auf dem Skopusberg beweist.

Lediglich die ungelöste politische Situation führt immer wieder zu schweren Zusammenstößen zwischen Juden und Arabern. Die tiefgehenden Unruhen von 1933 und in den Jahren 1936 bis 1939 führen schließlich dazu, daß eine britische Regierungskommission empfiehlt, das Land in einen jüdischen und einen arabischen Staat zu teilen. Um nicht noch zusätzliche Unsicherheiten zu schaffen, werden ab 1939 die Einwanderungsgenehmigungen für verfolgte Juden drastisch eingeschränkt, bis es schließlich sogar zu einem vollständigen Einwanderungsverbot kommt.

Die Gründung des Staates Israel 1948

1947 teilt die britische Regierung den Vereinten Nationen mit, daß sie wegen des bestehenden jüdisch-arabischen Konfliktes nicht mehr in der Lage ist, das Land weiter zu regieren. Sie bittet die Vereinten Nationen um Unterstützung, zumal das britische Mandat 1948 ohnehin auslaufen würde. Als Reaktion auf diese Initiative beschließt die UNO-Generalversammlung am 29. 11. 1947 mit Zweidrittelmehrheit die Schaffung eines arabischen und eines jüdischen Staates in Palästina. Für die Stadt Jerusalem empfiehlt sie einen internationalen Status.

Am 14. Mai 1948 endet das britische Mandat, und sofort geben die Juden ungeachtet des heftigen Widerstandes der Araber die Gründung eines unabhängigen Staates Israel bekannt. Die Weltöffentlichkeit ist davon überzeugt, daß dieser junge Staat nur wenige Tage, höchstens einige Wochen existieren wird. Tatsächlich kommt es zum 1. Krieg der Araber gegen den Staat Israel. Entgegen allen Prognosen gewinnt Israel diesen Krieg, und auch in den weiteren Kriegen von 1956, 1967, 1970 und 1973 verteidigt es erfolgreich sein Existenzrecht.

Die Schrecken der Nazizeit sind unvergessen. Eine Wandschmiererei im Judenviertel.

Jerusalem heute

Unzählige tragische Ereignisse bestimmen die Geschichte des jüdischen Volkes. Und doch gibt es in ihr auch die großen Augenblicke des Sieges. „Gottes Stunde" ist immer und immer wieder spürbar geworden. In der jüngeren und jüngsten Geschichte gehört ganz zweifellos das Aufkommen des modernen Zionismus dazu. Wird dieser Begriff in Enzyklopädien auch völlig wertfrei als eine Bewegung definiert, „die früher der Wiedererrichtung, heute der Förderung des jüdischen Nationalstaates in Palästina" dient, so war doch eben diese Initiative der entscheidende Schritt zur Verwirklichung des Traumes aller Juden: der Wiedererrichtung eines eigenständigen jüdischen Staates, die Rückkehr nach Jerusalem.

Zu den Augenblicken des Sieges zählt auch das Jahr 1948, in dem der so lang ersehnte Staat Israel gegründet wurde. Man muß es schon als Wunder bezeichnen, daß der junge Staat sein Gründungsjahr überdauerte. Hätte man tatsächlich erwarten können, daß eine halbe Million Männer, Frauen und Kinder sich gegen fünf Millionen feindlicher Nachbarn würde behaupten können? Daß in dem wüsten und verödeten Land Technik, Landwirtschaft, Wissenschaft und Industrie einen Aufschwung nehmen könnten, wie es ihn dann in der Tat gegeben hat? Daß dieses kleine Volk in der Lage sein würde, seinen geographisch so verstreuten Besitz zu einem einheitlichen Staat zu verbinden? Daß Israel inmitten von Haß und massivem Boykott die folgenden Jahre überleben würde und dabei auch noch einen modernen Staat aufbauen könnte?

Angesichts all dieser Fragen wird die Faszination erklärlich, die für uns Außenstehende auch von der jüngeren Geschichte des Staates Israel ausgeht; von diesem Staat und – ganz untrennbar damit verbunden – von seiner Hauptstadt Jerusalem.

Seite 104: Die wohl berühmteste Nachbildung des siebenarmigen Leuchters steht gegenüber dem Eingang der Knesset. Auf den Armen des Leuchters ist die Geschichte des jüdischen Volkes als Relief dargestellt.

Das wiedervereinigte Jerusalem

Erst nach dem Sechs-Tage-Krieg im Juni 1967 wurde die zuvor in einen jordanischen und einen israelischen Teil gespaltene Stadt wiedervereinigt. Am 7. 6. 1967 hatten israelische Truppen den jordanischen Teil der Stadt erobert, den man Ende Juni 1967 dann mit dem israelischen Teil zu einer Verwaltungseinheit zusammenfaßte. Stahl- und Betonbarrieren, die Jerusalem geteilt hatten, wurden niedergerissen, große und kleine Parks rund um die Stadt angelegt, das fast völlig zerstörte jüdische Viertel im Innern der Altstadt wieder aufgebaut. In geradezu beängstigender Schnelle entstand das Bild der Stadt, wie es sich heute dem Besucher darbietet: mit den berühmten alten Synagogen, den Museen für alte und moderne jüdische Kunst, der malerischen Altstadt, aber ebenso mit modernen Wohnsiedlungen und riesigen neuen Industrieanlagen.

Jerusalem, das einst eher ruhige Universitäts- und Regierungszentrum, wurde nach 1967 eine lebendig pulsierende Großstadtmetropole. Selbst die Bewohner Jerusalems beobachten staunend und manchmal fassungslos die stürmische Entwicklung ihrer Stadt. Für sie ist das, was sich vor ihren Augen abspielt, ebenso aufregend und faszinierend wie all das, was Jerusalem in seiner alttestamentlichen Zeit erlebte.

Jerusalem und seine Bewohner

Wie aber lebt man nun in dieser Stadt? Diesem wohl einmaligen Konglomerat von Angehörigen aller Völker und der verschiedensten Kulturen dieser Welt! Wie leben sie miteinander: Juden, Christen und Mohammedaner?

Der Zion-Platz im modernen Jerusalem.

Bei der Restaurierung der Altstadt beeindruckt der Wiederaufbau des Judenviertels wohl am meisten. (Vgl. auch die Bilder auf Seite 108/109.)

Juden und Araber

Vor der Wiedervereinigung Jerusalems im Jahre 1967 wohnten nur wenige Araber im westlichen Teil der Stadt. Das nächste arabische Dorf Abu Gosh lag etwa 15 Kilometer weiter westlich. Diese räumliche Distanz bewirkte ein relativ problemloses Miteinander. Es bestanden viele gemeinsame Vereinbarungen auf dem Gebiet des Gesundheitswesens, der Fürsorge, der Landwirtschaft usw., die für beide Seiten vorteilhaft waren. Die beiden offiziellen Landessprachen des neuen Staates waren Arabisch und Hebräisch, und ebenso selbstverständlich waren die Araber im israelischen Parlament vertreten.

Nach 1967 hatte Israel mehr arabische Gebiete als vorher zu verwalten. Das damit verbundene stärkere „Miteinanderleben-Müssen" schuf Probleme. Zweifellos profitierten die zugewanderten Araber von dem hohen Lebensstandard der jüdischen Bewohner, von den wesentlich besseren Einrichtungen des Staates Israel auf den Gebieten des Wirtschafts-, Gesundheits- und Bildungswesens. Doch unter dem Einfluß der in den sechziger Jahren entstandenen arabischen Guerilla-Organisationen – die PLO (Palestine Liberation Organization) unter Y. Arafat umfaßt alle diese Gruppen, deren Ziel die Vernichtung des Staates Israel ist – verschärften sich die zwischen Juden und Arabern bestehenden Konflikte erheblich. Dennoch besteht die Hoffnung, daß es im Laufe der Zeit wieder zu normalen Beziehungen zwischen beiden Bevölkerungsgruppen kommen wird.

Juden und Christen

Nicht ganz so schwerwiegend belastet, wenn auch nicht vollkommen problemlos ist das Zusammenleben von Juden und Christen in der Stadt. Rein zahlenmäßig ist der Anteil der Christen schon an der Gesamtbevölkerung Israels relativ gering. Nur 2,5 Prozent der Bewohner Israels sind Christen. Davon wohnen noch die meisten in den Gebieten um Bethlehem und Nazareth; nur wenige leben in Jerusalem. Durch die zahlreichen christlichen Kirchen und Klöster in der Stadt (insgesamt 75) und die mannigfaltigen christlichen Einrichtungen (6 christliche Buchläden, 18 Hospize, 10 Sozialeinrichtungen, 20 Bildungsinstitutionen) ist ihre Präsenz aber unübersehbar.

Die am stärksten vertretene „Gruppe" sind die Katholiken und die griechisch-orthodox Gläubigen. Seit etwa 150 Jahren gibt es in Jerusalem die Church of England. Unter ihrem Bischof Gobat wurde die Christus-Kirche gebaut, die innerhalb der alten Stadtmauer liegt, und die nach dem Bischof benannte Schule auf dem Berg Zion.

Etwa so lange wie die Church of England arbeitet auch die lutherische Kirche

in Jerusalem. Ihre Erlöser-Kirche befindet sich ebenfalls innerhalb der alten Stadtmauer. Der Lutherische Weltbund hat in Jerusalem zahlreiche Bildungs- und Wohltätigkeitsinstitutionen eingerichtet, die über die ganze Stadt verteilt sind. Viele protestantische Gruppen – wie die Baptisten, die Nazarener, Adventisten, Mennoniten oder die Quäker – kamen zur Zeit des britischen Mandats oder kurz nach 1920 nach Israel. Ihr Interesse galt vor allem dem Land der Bibel.

Ungeachtet aller anerkannten Unterschiede gibt es heute auf christlicher Seite ernsthafte Versuche, zu einem besseren gegenseitigen Verständnis zu gelangen, indem man sich darauf besinnt, wie tief der christliche Glaube im Alten Testament verwurzelt ist. In der Jerusalemer „Rainbow-Group" und in Israels „Interfaith Committee" treffen sich christliche und jüdische Intellektuelle, um anhand sorgfältig vorbereiteter wissenschaftlicher Arbeitspapiere Themen zu besprechen, die eine bessere christlich-jüdische Zusammenarbeit ermöglichen können. Aus der Tatsache, daß die Regierung Israels nach der Wiedervereinigung Jerusalems eine beträchtliche Summe für die Renovierung beschädigter christlicher Kirchen, Schulen und Verwaltungszentren zahlte, läßt sich umgekehrt auch eine Verständigungsbereitschaft der israelischen Seite ableiten.

Seit der Zerstörung des Tempels vor fast zweitausend Jahren hatte das jüdische Volk davon geträumt, in sein Land zurückzukehren. Heute ist Jerusalem die lebendige, blühende Hauptstadt dieser Nation, die freilich noch mit vielen Schwierigkeiten zu kämpfen hat. Aber ungebrochen ist wohl bei allen die Hoffnung, daß Jerusalem bald für alle wirklich die Stadt des Friedens wird.

Praktische Reise-Informationen

Die Reise nach Jerusalem

Mit dem Flugzeug
Der Ben Gurion Flughafen in Tel Aviv/Lod wird täglich von den Maschinen vieler internationaler Fluggesellschaften angeflogen. Außerdem gibt es Charterflüge und verbilligte IT-Reisen, die Ihnen die Programmauswahl im Land selbst überlassen.
Die Gepäckkontrolle für Israel-Reisende ist zur eigenen Sicherheit sehr streng. Fotoapparate und Filmgeräte müssen geöffnet werden. Legen Sie deshalb vor der Reise keinen Film ein.

Auf dem Seeweg
Verschiedene Schiffahrtslinien führen nach Haifa. Außerdem werden Mittelmeer-Kreuzfahrten organisiert, die auch Israel anlaufen.

Visum und Paß
Sie brauchen einen gültigen Reisepaß. Deutsche Staatsbürger benötigen darüber hinaus ein Visum. Es ist zu beantragen bei: Botschaft des Staates Israel, Simrockallee 2, 5300 Bonn 2.

Geld
Das Israelische Pfund kann in unbegrenzter Menge eingeführt werden. Der Umtausch im Land ist nur bei Banken erlaubt, auch wenn inoffizielle Wechselstuben in der Jerusalemer Altstadt oft einen wesentlich günstigeren Kurs anbieten.

Hotels
Es gibt genügend Hotels jeder Güteklasse. Daneben bieten auch christliche Hospize Unterkunft und Verpflegung an. Die gebräuchliche Stromstärke für Elektrogeräte ist 220 V Wechselstrom.

Sprachen
Die offiziellen Landessprachen sind Hebräisch und Arabisch, aber Israel ist ein vielsprachiges Land. Neben Englisch, das sehr viele Israelis sprechen, hört man auch Deutsch, Französisch, Jiddisch, Spanisch, Polnisch, Russisch, Ungarisch, Rumänisch und viele andere Sprachen.

Temperaturen und Niederschläge
In Israel haben alle Jahreszeiten ihren besonderen Reiz. Frühling und Herbst sind allerdings so kurz, daß von vier Jahreszeiten kaum gesprochen werden kann. Deshalb rechnet man die Monate April bis September mit intensivem Sonnenschein zum Sommer und die ebenfalls sonnigen Monate Oktober bis März mit niedrigeren Temperaturen und gelegentlichem Regen zum Winter.

Seite 110: Das Jerusalem von heute wächst weit über seine früheren Grenzen hinaus. Der Prophet Sacharja schrieb: „Jerusalem wird keine Mauern mehr haben, so viele Menschen mit ihrem Vieh werden darin wohnen“ (Sach. 2,8).

Der „Schrein des Buches" im Israel-Museum. Hier werden die berühmten Handschriftenfunde vom Toten Meer aufbewahrt.

Durchschnittliche Sonnentage in Jerusalem

Okt.	Nov.	Dez.	Jan.	Feb.	März
28	23	21	18	21	22

Durchschnittliche Temperaturen in Jerusalem (in C)

Nov.	Jan.	März
12–18	8–14	11–18

Wer nach Jerusalem reist, sollte auch im Sommer einige Wollsachen mitnehmen. Es ist abends oft kühl.

Reisen im Land

Mit dem Autobus

Dies ist die einfachste und volkstümlichste Art, sich das Land anzusehen. Die Verbindungen sind gut und zuverlässig, die Preise angemessen. Am Sabbat und an sonstigen jüdischen Feiertagen verkehren keine Autobusse.

Mit dem Taxi

Taxis sind schnell, bequem und vergleichsweise billig. Besondere Taxigesellschaften („Sherut") vergeben Sitzplätze im Linienverkehr zu festen Preisen. Andernfalls einigen Sie sich vor Beginn der Fahrt über den Preis.

Mit dem Mietauto
Es gibt mehrere Autovermietungen, die Autos pro Tag, Woche oder auch für längere Zeit vermieten. Was Sie benötigen, ist ein gültiger internationaler Führerschein. Tankstellen sind am Sabbat geschlossen.

Einkaufsmöglichkeiten
Die Läden sind normalerweise außer am Sabbat und an anderen Feiertagen bis gegen 19.00 Uhr geöffnet.
Der Einkauf in der Altstadt ist ein besonderes Vergnügen. Sie müssen allerdings in den meisten der kleinen Läden „feilschen". Beginnen Sie etwa bei der Hälfte des geforderten Preises.

Mahlzeiten
„Koscher" sind Speisen, die in Herkunft und Zubereitung mit den jüdischen Speisegesetzen übereinstimmen. Bestimmte Fleisch- und Fischarten werden nicht angeboten; auch wird man Ihnen in koscheren Lokalen nach einer Fleischmahlzeit keine Sahne, keinen Käse und auch keinen Kaffee mit Milch servieren.

Weitere Informationen
Weitere Auskünfte erhalten Sie bei den offiziellen Israelischen Verkehrsbüros:

In der Bundesrepublik Deutschland:
Westendstraße 4, 6000 Frankfurt

In der Schweiz:
Lintheschergasse 12, 8001 Zürich

oder in Jerusalem durch das Israelische Informationszentrum,
214 Yafo Street.

Die wichtigsten Sehenswürdigkeiten

Jerusalem besitzt eine verwirrende Fülle von Sehenswürdigkeiten. Deshalb ist es gut, wenn Besucher, denen nur wenig Zeit zur Verfügung steht, schon vor Beginn der Reise eine Auswahl treffen. Um diese Aufgabe zu erleichtern, sind hier einige der wichtigsten Sehenswürdigkeiten in alphabetischer Reihenfolge kurz beschrieben (in Klammern die Seitenzahl der Abbildung).

Abendmahlssaal (67)
Der traditionelle Abendmahlssaal liegt über dem „Davidsgrab" auf dem Berg Zion und stammt in seiner heutigen Form aus dem 14. Jahrhundert. (Vgl. Joh. 13; Matth. 26,20–30).

Abu-Tor
In der Nähe des Bahnhofs. Von hier aus hat man eine besonders schöne Sicht auf die Altstadt und das Kidron- und Hinnomtal. Auf diesem Hügel wurden möglicherweise dem heidnischen Gott „Moloch" Menschenopfer dargebracht (2. Mose 34,20).

Altstadt (54)
Das eigentliche Herz Jerusalems und ein lohnendes Ziel für Touristen mit einer Vielzahl von Sehenswürdigkeiten. Sie ist etwa einen Quadratkilometer groß und von Stadtmauern umgeben, die man z. T. begehen kann. Die Altstadt ist in das armenische, das christliche, das jüdische und das moslemische Viertel geteilt.

Annenkirche
Vom Stephanstor aus leicht zu erreichen. Eine der am besten erhaltenen und interessantesten Bauwerke aus der Kreuzfahrerzeit. In der Nähe befindet sich als tiefes Ausgrabungsfeld der Teich Bethesda.

Berg Zion
Die Erhebung liegt im Südwesten der Altstadt. Schon frühzeitig vermutete man, dies sei der Ort der Abendmahlseinsetzung, der Fußwaschung und der Ausgießung des Heiligen Geistes beim ersten Pfingsten. Hier ist auch das legendäre Davidsgrab, das Haus des Kaiphas, eine Gedenkstätte für verfolgte Juden und das Institut für Wissenschaften des Heiligen Landes.

Bethanien (60)
Der Ort liegt in Richtung Jericho dicht bei Jerusalem. Hier wohnten Maria und

Seite 114: Blick von der Kapelle Dominus Flevit („Der Herr weinte") auf den Tempelplatz.

Martha und wurde Lazarus vom Tode auferweckt (Joh. 11,39–43). Eine moderne Franziskanerkirche erinnert an diese Ereignisse. Wenig entfernt liegt das Grab des Lazarus, das eine Besichtigung lohnt.

Bethesda-Teich (6)
Am einfachsten vom Stephanstor aus zu erreichen. Die seit 1871 ausgegrabene Anlage bestand aus zwei Wasserbecken und fünf Hallen. Hier heilte Jesus einen Mann, der schon 38 Jahre lang krank gewesen war (Joh. 5,1–9). Der andere Name „Schafsteich“ erinnert an den Opferkult. Die Tiere wurden hier gereinigt und auf die Opferung im Tempel vorbereitet.

Bethlehem (48, 49)
Geburtsort Davids und Jesu, etwa zehn Kilometer von Jerusalem entfernt. Die Geburtskirche in Bethlehem zählt zu den von Christen am meisten besuchten Wallfahrtsorten der Welt.

Bethphage
In Bethphage ließ Jesus vor seinem triumphalen Einzug in Jerusalem die Eselin losbinden (Matth. 21). Ein Ort mit diesem Namen liegt östlich vom Ölberg. Das neutestamentliche Bethphage ist aber eher auf einem der Ölberg-Gipfel bei dem arabischen Dorf Et-Tur zu suchen.

Biblischer Zoo
Hier soll jedes Tier, das in der Bibel erwähnt wird, zu sehen sein. An den Käfigen ist neben einer allgemeinen Beschreibung auch die entsprechende Bibelstelle angegeben.

Burg Antonia (76)
Im Jahr 36 v. Chr. von König Herodes dem Großen erbaut und nach seinem Gönner Marcus Antonius benannt. Die Römer benutzten diese Burg zur Stationierung ihrer Truppen und um den Tempelplatz zu überwachen. Lange Zeit galt die Burg Antonia als der Ort des Verhörs und der Verurteilung Jesu.

Davidka
Ein Mörser als Symbol für die Erfindungsgabe der Israelis. Die Waffe wurde im Krieg 1948 nur einmal, aber sehr wirkungsvoll eingesetzt.

Davidsgrab (16)
Auf dem Berg Zion. Seit dem 14. Jh. von Juden und Moslems als Begräbnisstätte des Königs David verehrt.

Davidsturm
Siehe Zitadelle.

Dominus Flevit (114, 118)
(„Der Herr weinte“.) Eine Kapelle auf dem Ölberg. Jesus weinte über die Stadt Jerusalem, weil sie ihn nicht als Messias erkannte (Luk. 19,41–42). Von hier aus hat man eine schöne Aussicht auf den Tempelplatz und die Stadt.

Ecce-Homo-Bogen (58)
Er überspannt die Via Dolorosa und erinnert an die Worte des Pilatus, als er nach der Auspeitschung Jesus der Menge vorführte: „Seht, welch ein Mensch!" (Joh. 19,5.)

El Aqsa Moschee (34)
(„Die entfernte Moschee".) Es soll die am weitest entfernte Moschee sein, zu der Mohammed in einer Nacht geführt wurde (Koran, 17. Sure). Die Moschee wurde im 8. Jh. erbaut, aber durch Erdbeben mehrmals zerstört. 1951 wurde in dieser Moschee der jordanische König Abdallah erschossen. Die Innenausstattung ist durch eine Brandstiftung 1969 erheblich beschädigt worden. Die Restaurierungsarbeiten dauern an.

Emmaus
Das Dorf liegt außerhalb Jerusalems in Richtung Nablus. Auf den Resten einer Kreuzfahrerkirche aus dem 12. Jh. erbauten hier die Franziskaner ein Kloster. Jesus begleitete zwei seiner Jünger nach Emmaus, ohne daß sie ihn zunächst erkannten (Luk. 24,13–35).

Erlöserkirche
Lutherische Kirche im christlichen Viertel der Altstadt. 1898 durch Kaiser Wilhelm II. eingeweiht. Vom Turm aus hat man eine gute Aussicht auf die Stadt.

Felsendom (29, 32/33, 97, 98)
Mit seinem goldglänzenden Kuppeldach ist er das eigentliche Wahrzeichen Jerusalems. Hier etwa stand der Tempel. Nach jüdischer Tradition ist der mächtige Felsen im Innern der Ort, wo Abraham seinen Sohn Isaak opfern sollte. Die Mohammedaner glauben, von diesem Felsen aus sei Mohammed mit seinem Pferd in den Himmel geritten.

Gartengrab (91, 119)
Der englische General Gordon hat 1882 dieses Grab entdeckt und als das eigentliche Grab Christi identifiziert. Auch wenn diese Theorie sehr fraglich ist, gewinnt man an diesem Ort mit seinem gepflegten Garten einen besseren Eindruck von den Ereignissen am Ostermorgen als in der überladen wirkenden Grabeskirche.

Geißelungskapelle
An der Via Dolorosa gelegen. 1927 erbaut. Sie erinnert an die Auspeitschung Jesu, bevor Pilatus ihn erneut dem Volk vorführte (Joh. 19,1–5).

Gethsemane (71)
(„Ölkelter".) Das Gartengrundstück liegt am Fuße des Ölbergs und ist der Ort der Gefangennahme Jesu. (Vgl. „Kirche aller Nationen".)

Gihon-Quelle
Außerhalb der Altstadt im Kidrontal. Sie ist die einzige Quelle Jerusalems.

Schon die Jebusiter hatten einen Schacht gegraben, um das Wasser in die Stadt zu leiten. (Vgl. auch Hiskia-Tunnel.)

Golgatha
oder „Schädelstätte". Hier starb Jesus am Kreuz. Es gilt als gesichert, daß diese Stätte innerhalb der heutigen Grabeskirche liegt. Einige sind jedoch der Ansicht, daß Golgatha auf dem Hügel hinter dem Busbahnhof zu suchen sei. Diesen Hügel kann man vom Gartengrab aus gut sehen oder noch besser von der alten Stadtmauer in der Nähe des Damaskus-Tors.

Grab Absaloms (17)
Eines der vier Grabmäler im Kidrontal, die zum größten Teil aus dem Fels gehauen sind. Das Grab Absaloms erinnert an den aufrührerischen Sohn Davids (2. Sam 15), stammt jedoch aus späterer (frühestens hellenistischer) Zeit.

Grabeskirche (87, 89)
Mit großer Wahrscheinlichkeit lag hier nicht nur das Grab, sondern auch die Hinrichtungsstätte Jesu. Viele christliche Konfessionen sind in dieser Kirche vertreten.

Grabeskirche der Maria
Sie liegt nahe der Kirche aller Nationen am Fuß des Ölbergs. In dem tiefgelegenen Kirchenraum wird u. a. das in Fels gehauene Grab der Mutter Jesu gezeigt.

Grotte von Gethsemane
Nahe der Kirche aller Nationen am Fuß des Ölbergs. Hier soll Jesus vor seiner Verhaftung gebetet haben (Luk. 22,39–41). Die Grotte diente früher wahrscheinlich als Olivenpresse.

Hadassah-Hospital
Großangelegtes Universitäts-Krankenhaus nahe Ein Kerem. Es wurde gebaut, als das eigentliche Krankenhaus auf dem Skopus nach dem Krieg 1948 in jordanisch besetztem Gebiet lag. Besonders sehenswert sind die Glasfenster von Marc Chagall in der kleinen Krankenhaus-Synagoge.

Haram esh-Sharif (62/63)
(„Vornehmes Heiligtum".) So wird der gesamte Tempelbezirk genannt, wo heute der Felsendom, der Kettendom und die El Aqsa Moschee stehen.

Haus des Annas
Im armenischen Viertel. Nach dem Schwiegervater des Hohenpriesters Kaiphas genannt.

Hechal Shlomo
Sitz des Oberrabinats von Israel in der King-Georges-Straße. Enthält neben einer Bibliothek ein Museum mit Kultgegenständen aus dem jüdischen Gottesdienst und eine Reihe interessanter Modelle von biblischen Begebenheiten.

Herodesgrab (25)
Es liegt im Zentrum Jerusalems in der Nähe des King-David-Hotels und wurde 1892 entdeckt. Hier ließ Herodes seine von ihm selbst ermordeten Verwandten bestatten. Der riesige Rollstein vor dem Grab ist noch heute zu sehen.

Himmelfahrtskapelle (93)
Die kleine Kapelle auf dem Ölberg mit dem angeblichen Fußabdruck Jesu erinnert an die Himmelfahrt Jesu (Apg. 1,11). Sie entstammt der Kreuzfahrerzeit und wird heute als Moschee benutzt.

Hinnomtal
Das Tal unterhalb des Berges Zion war in alttestamentlicher Zeit berüchtigt wegen der heidnischen Kultstätte, wo Kinder geopfert wurden (2. Kön. 23,10).

Hiskia-Tunnel (15)
König Hiskia ließ einen ca. 300 m langen unterirdischen Schacht von der Gihon-Quelle zum Teich Siloah graben, um die Wasserversorgung der Stadt auch im Kriegsfall sicherzustellen. Man kann diesen Schacht mit entsprechender Ausrüstung begehen.

Israel-Museum (112)
Nahe der Knesset. Wenn irgend möglich, sollte man dieses sehr schöne und moderne (1965) Museum besuchen. Für Bibelleser besonders interessant ist der „Schrein des Buches". Hier werden die berühmten Handschriftenfunde vom Toten Meer gezeigt.

Jüdischer Friedhof (68)
Am Hang des Ölbergs liegt dieser Friedhof über dem Kidrontal. Viele orthodoxe Juden möchten hier beerdigt werden, um bei der Auferstehung der Toten gleich an Ort und Stelle zu sein (Joel 3,5–4,1 ff.). Der Friedhof wurde während der jordanischen Besetzung 1948–1967 zerstört.

Keller der Zerstörung
Eine Gedenkstätte auf dem Berg Zion für die Millionen in der Nazizeit ermordeten Juden. Gedenktafeln erinnern an jede zerstörte jüdische Synagoge.

Kettendom
Ein interessanter Bau im Tempelbezirk. Wie der Felsendom, und diesem ähnlich, vom Kalifen Abd el-Malik erbaut. Er diente ursprünglich zur Unterbringung des Staatsschatzes.

Kidrontal (42/43, 73)
Ein tiefer Talzug zwischen der Ostmauer der Altstadt und dem Ölberg, auch als „Tal des Josaphat" und „Tal der Könige" bekannt, weil angeblich vier Könige Israels hier bestattet wurden. (Vgl. „Grab Absaloms".)

Kirche aller Nationen (44, 73)
Am Fuße des Ölbergs im Garten Gethsemane. Die Kirche wurde 1924 über

einem byzantinischen Bau errichtet. Hier soll Jesus vor seiner Verhaftung gebetet haben. Sehenswert ist das Fußbodenmosaik und auch der von den Franziskanern liebevoll gepflegte Garten mit den uralten Olivenbäumen.

Kirche der Zionsschwestern
In der Via Dolorosa neben dem Ecce-Homo-Bogen, von dem Teile in eine Kapelle einbezogen wurden. Neben dem „Lithostroton" lohnt auch die alte, unterirdische Zisterne eine Besichtigung.

Klagemauer (22, 29)
(Westmauer.) Sie gehört als äußere Stützmauer des Tempelplateaus zum Bauwerk des Herodes und hat die Zerstörung durch Titus im Jahre 70 n. Chr. überstanden. Die mächtigen unteren Steinblöcke stammen noch vom Tempelbau des Herodes, andere wurden später hinzugefügt. An der Klagemauer beklagen Juden aus aller Welt die Zerstörung des Tempels und beten um die Ankunft des Messias.

Knesset (104)
Seit 1966 Sitz des israelischen Parlaments. Die Besichtigung ist kostenlos. Führer stehen zur Verfügung.

Königsgräber
Eine aus dem Fels gehauene Grabanlage, von der man früher annahm, es handle sich um die Gräber der Könige von Juda. Später identifizierte man sie als Grabstätte der Königin Helena von Adiabene und ihrer Söhne.

Kreuzkloster (102)
Im Tal des Kreuzes, unterhalb des Israel-Museums und der Knesset. Das griechisch-orthodoxe Kloster aus dem 11. Jh. ist das einzige alte kirchliche Bauwerk in der Neustadt.

Künstlerhaus
Nahe der King-Georges-Straße. Es finden regelmäßig Ausstellungen israelischer Maler und Bildhauer statt.

Lithostroton (78, 80/81)
Siehe Kirche der Zionsschwestern.

Maria-Magdalenen-Kirche
Am Ölberg 1888 von dem Zar Alexander II. zur Erinnerung an seine Mutter errichtet. Schon von weitem an den charakteristischen Zwiebeltürmen zu erkennen.

Mauersynagoge (75)
Der Eingang ist links neben der Klagemauer. Durch Ausgrabungsschächte kann man dort auf das sehr viel tieferliegende ursprüngliche Fundament der Mauer hinabsehen.

Mea Shearim
Der Name bedeutet „hundert Tore“ und bezieht sich auf die Segnung Isaaks (1. Mose 26,12). Es ist das Viertel der orthodoxen Juden und am Sabbat für Autos gesperrt. Von den männlichen Besuchern wird erwartet, daß sie eine Kopfbedeckung tragen, und die weiblichen Besucher sind nur in einem Kleid willkommen, das Ellenbogen und Knie bedeckt. Fotografieren wird nicht gern gesehen.

Menorah (39, 104)
Die wohl berühmteste große Nachbildung des siebenarmigen Leuchters steht vor dem Eingang der Knesset. Auf den Armen des Leuchters ist als Relief die Geschichte des jüdischen Volkes dargestellt.

Modell des alten Jerusalems (25)
Es lohnt sich, dieses Modell im Garten des Holyland-Hotels zu besichtigen. Im Maßstab 1:50 sind hier Jerusalem und der Tempel um 66 n. Chr. möglichst genau nachgebildet.

Ophel (11)
Felsnase, die von der südöstlichen Ecke des Tempelberges zum Teich Siloah hin verläuft. Hier siedelten die Jebusiter. Reste der Jebusitermauer sind freigelegt.

Paternoster-Kirche
Nach alter Überlieferung soll Jesus seine Jünger hier auf dem Ölberg das Vaterunser gelehrt und seine Endzeitreden gehalten haben (Matth. 24,3).

Russisches Kloster (92)
Hoch auf dem Ölberg gelegen. Von der Spitze des 60 m hohen Glockenturms bietet sich der wohl schönste Blick auf Jerusalem und Umgebung. Der Zutritt ist jedoch nicht ohne weiteres erlaubt.

Salomos Steinbrüche
Hier sollen angeblich die Steinblöcke für den Tempelbau gebrochen worden sein (1. Kön. 5,31). Der Eingang des riesigen Höhlenlabyrinths liegt zwischen Damaskus- und Herodestor.

Sanhedrin
Eine ausgedehnte Grabanlage im Norden von Jerusalem. Die Anlage ist teilweise mehrstöckig und in gutem Zustand. Einzelheiten des reichen Fassadenschmucks blieben erhalten.

Siloah-Teich (57)
Außerhalb der Altstadt gelegen und von dort aus durch das Misttor zu erreichen. Im Siloah-Teich endet der Hiskia-Tunnel. Hier heilte Jesus am Sabbat einen Menschen (Joh. 9,11), was den Konflikt mit den Pharisäern noch verschärfte. Vom Siloah-Teich führt eine alte römische Treppe hinauf zum Berg Zion.

Skopus
Ein Hügelzug, der sich nördlich dem Ölberg anschließt. Von hier aus hat man sowohl nach Jerusalem als auch hinüber zum Jordantal und zum Toten Meer eine gute Sicht.

St. Peter in Gallicantu (69, 74)
(Hahnenschreikirche.) Die Assumptionisten, denen diese Kirche gehört, vertreten die Ansicht, hier habe der Palast des Hohepriesters Kaiphas gestanden, in dem Jesus verhört wurde und wo Petrus leugnete, Jesus zu kennen (Matth. 26,57.69–75).

Ställe Salomos (28)
Mächtige unterirdische Gewölbe unter der Südost-Ecke des Tempelplateaus. Obwohl sie auf Überresten erbaut sind, die auf die Zeit Salomos zurückgehen, dienten sie zu dieser Zeit sicher nicht als Stallungen. Erst die Kreuzritter brachten hier ihre Tiere unter, evtl. auch schon König Herodes.

Tore der Altstadt

Damaskus-Tor (46)
Hauptzugang von der nördlichen Neustadt in die Altstadt. Auch zur Zeit Jesu befand sich hier wohl ein Stadttor, das unter Herodes dem Großen angelegt worden war. Das heutige Tor stammt aus der ersten Hälfte des 16. Jh. und wurde unter Sultan Soliman dem Prächtigen erbaut.

Goldenes Tor (1, 61, 71)
Früher der Hauptzugang zum Tempelbezirk von Osten her. Das Tor wurde von Moslems zugemauert, um zu verhindern, daß der Messias der Juden dort einziehen kann.

Herodestor
Ein Tor im Norden der Stadtmauer, durch das man zur Via Dolorosa kommen kann bzw. in das moderne Einkaufszentrum der östlichen Neustadt.

Jaffa-Tor (47)
Das belebteste aller Stadttore und der Hauptzugang zur Altstadt für motorisierte Fahrzeuge. Hier beginnt die Davidsstraße, die bis zur Klagemauer und dem Tempelbezirk führt, mit ihren unzähligen kleinen Geschäften.

Löwentor
Im Osten der Stadtmauer. Man nennt dieses Tor auch „St. Stephanus-Tor“ zur Erinnerung an den ersten christlichen Märtyrer Stephanus, der vor der Stadt gesteinigt wurde (Apg. 7,56). Durch das Löwentor gelangt man am leichtesten in die Via Dolorosa und schnell zum Tempelbezirk.

Misttor
Angeblich wurden Abfälle und Unrat durch dieses Tor aus der Stadt geschafft. Durch das Misttor erreicht man am leichtesten die Klagemauer und den Tempelplatz in der Altstadt.

Neues Tor
Es wurde Ende des 19. Jh. eröffnet, damit man vom Christenviertel der Altstadt die außerhalb gelegenen Kirchen leichter erreichen kann.

Zionstor (47)
Eingang zum jüdischen Viertel und zum Berg Zion. Noch heute sieht man die Spuren des Krieges 1948 an den zernarbten Mauern. Die Araber nennen das Tor „Tor Davids des Propheten", weil es in unmittelbarer Nähe des Davidsgrabes liegt.

Urteilskapelle
In der Via Dolorosa. Hier soll Jesus von Pilatus zum Tode verurteilt worden sein.

Via Dolorosa (58, 88)
(„Schmerzensweg".) Ein verschlungener Straßenzug mitten im arabischen Viertel der Altstadt. Nach einer späten Tradition ist dies der Weg Jesu nach Golgatha. Seit dem Mittelalter gibt es auf dieser Straße 14 „Kreuzwegstationen" (die letzten 5 in der Grabeskirche), die an die Ereignisse bei der Kreuzigung und dem Begräbnis Jesu erinnern.

Yad Vashem
Gedenkstätte für die in der Nazizeit zwischen 1933 und 1945 ermordeten Juden. Sie wird leider von den meisten deutschen Reiseführern nicht genannt.

Y.M.C.A. (CVJM)
Gegenüber dem King-David-Hotel. Gute Übernachtungsmöglichkeiten und günstige Mahlzeiten. Der ca. 50 m hohe Turm ist weithin sichtbar und lohnt eine Besteigung.

Zinne des Tempels (20)
Die südöstliche Ecke des Tempelplatzes. Von hier aus sieht man tief ins Kidrontal hinunter (vgl. Matth. 4,5–7).

Zitadelle (2, 27, 77)
Unübersehbar neben dem Jaffa-Tor. König Herodes ließ diese Festung bauen, die später von den Römern benutzt wurde.

Stichwortverzeichnis

Weitere wichtige Stichworte siehe auch unter „Sehenswürdigkeiten“ Seite 115. Die Seitenzahlen in Klammern beziehen sich auf Abbildungen.

Bildverzeichnis

Juli 2019 von Auslage im AZ Ktl.
für 2,- € Spende

Har Hozevim
Science Based Industries
Tree-planting Centre
Water Purification Plant
To Lod (Lydda) Air Port
To Tel Aviv
Har Hamenuhot
KIRYAT SHEVA (MATTERSDORF)
ROMEMA ILIT
I.T.R.I. CITY
Biblical Zoo
MEI NEFTOAH
Magen David Adom First Aid Station
INDUSTRIAL ZONE
ROMEMA
YIRMIAHU
SAREI ISRAEL
Central Bus Stn.
Allenby Memorial
SDEROT WEIZMANN
ETZ HAIM
SDEROT YEHUDA HALEVI
YAFO
Sha'arei Zedek Hospital
SDEROT HANASSI
Rabbi Kook Institute
GIV'AT SHAUL
Binyenei Ha'ouma (Convention Centre)
HAMEKASHER
INDUSTRIAL ZONE
KIRYAT MOSHE
SDEROT HERZL
RUPPIN
Givat Ram
Teachers Seminary
Hebrew University Secondary School
P.M.'s Office
President's Park
KIRYAT BEN GURION
KAPLAN
Ministry of Interior
Ministry of Finance
Planetarium
Wise Auditorium
BEIT HAKEREM
Stadium
Wizo Baby Home
THE HEBREW UNIVERSITY
Shrine of The Book
Israel Museum
Billy Rose Art Garden
GIV'AT BEIT HAKEREM
NEVE SHA'ANAN
I. D. F. Military Cemetery
Mount Herzl
Yad Vashem (Memorial Authority)
Har Hazikaron
Herzl Museum
Synagogue
Student's Hostel
Youth Hostel, Bayit V'gan
Merom Zion Yeshiva
BAYIT V'GAN
KIRYAT HAYOVEL
EIN KEREM
60
63
64
56
57
58